MERIAN live!

Namibia

Thomas Knemeyer

GU GRÄFE UND UNZER

Die Ovahimba haben ihre ursprüngliche Kultur weitgehend erhalten können

Inhalt

Willkommen in Namibia

Namibia erleben

Sehenswerte Orte und Ausflugsziele

Routen und Touren

Wichtige Informationen

Nur 31 Jahre lang war Namibia eine wilhelminische Kolonie, doch das hat Spuren hinterlassen. Lange dauerte der leidvolle Weg zur Unabhängigkeit.

824 292 Quadratkilometer – mit dieser Größenordnung kann man wenig anfangen. Aber die Dimensionen im Reiseland Namibia werden im Vergleich zu Europa deutlich: Würde man London im Nordwesten Namibias plazieren, dann hätte Rom noch immer im Süden Platz, an der Westküste Paris und an der Ostgrenze München. Auf dieser riesigen Fläche leben nur 1,65 Millionen Menschen.

Willkommen im Namibia der endlosen Weiten! Die Luft ist sauber, und der Himmel scheint sich grenzenlos über der Halbwüste zu wölben. Autostaus und Menschenandrang sind unbekannt, Ruhe bestimmt den Landesrhythmus. Für »Lärm« sorgen nachts Grillen und Löwen anstatt Autos und Hi-Fi-Geräte – von einigen Straßenblocks in der Stadtmitte der Hauptstadt Windhuk einmal abgesehen. Keine Sorge: Trotz 350 000 Auslandsgästen pro Jahr ist von Massentourismus nichts zu spüren. Dennoch warten in Namibia gute Hotels und Restaurants, hervorragende Straßen und Dutzende Wild- und Gästefarmen auf den Gast.

Braun- und Ockertöne bestimmen die Landschaft um den Brandberg

Wer seine Englischkenntnisse als mangelhaft bezeichnet, der ist in der ehemaligen deutschen Reichskolonie besser aufgehoben als in jedem anderen Land Afrikas. Wundern Sie sich nicht, wenn der schwarze Ober im Café auf Deutsch anfragt, ob Sie den Apfelkuchen mit oder ohne Sahne haben möchten, und wenn Sie im Deutschen Hörfunk ganztägig auf UKW 95,8 Nachrichten und flotte Musik hören. Dabei endete das koloniale Intermezzo bereits 1915 mit dem Einmarsch südafrikanischer Truppen; heute leben nur noch 25 000 deutschsprachige Namibier und Bundesbürger in Namibia. Aber die drei Jahrzehnte unter der wilhelminischen »Schutztruppe« haben derart nachhaltige Spuren hinterlassen, daß Spaziergänge durch Windhuk und Swakopmund zu Streifzügen durch deutsche Geschichte werden: Man wandert auf Straßen, die nach Kaiser Wilhelm und Bismarck, Moltke und Richthofen, Krupp und Benz, Brahms und Beethoven benannt sind.

Straßennamen aus der deutschen Kolonialzeit haben sich bis heute erhalten

Caprivi, Tintenpalast und Turnhalle

Auch sonst erinnert einiges an die Kolonialzeit: Der **Caprivizipfel** im Nordosten trägt den Namen des Reichskanzlers und preußischen Ministerpräsidenten Graf Georg Leo von Caprivi, dem Nachfolger Bismarcks. In der Hauptstadt finden Sie den **Tintenpalast**, das 1913 erbaute heutige Parlament. So wird es auch von schwarzen Namibiern genannt, seitdem deutsche Siedler dem Verwaltungsgebäude, in dem die Beamten einst mit Federhalter und Tinte arbeiteten, diesen Spitznamen verpaßten. Ebenso kurios ist die **Turnhalle**. Dort übten sich die Jünger des Turnvaters Jahn in der Leibeserziehung, bis aus der Halle in den siebziger Jahren ein Abgeordnetenhaus wurde, in dem die stärkste Oppositionspartei gegründet wurde. Der Name blieb; die Partei heißt Democratic Turnhalle Alliance (DTA).

Es ist verblüffend, daß dieser Zustand seit mehr als einem Jahrhundert anhält – und das in einer unwirtlichen **Halbwüste** 8000 Kilometer südlich der Alpen. Denn Namibia (»die Wüste«) besteht aus einem kühlen Küstenstreifen entlang des Atlantiks, der Namibwüste im Westen, der Kalahariwüste im Osten und dem Hochland dazwischen. Bis auf den tropischen Norden (Ovamboland, Caprivizipfel) ist das Land sehr wasserarm. Es besitzt dennoch eine vielfältige und kontrastreiche Pflanzen- und Tierwelt.

Flora und Fauna

Die Liebe zur Natur ist in Namibia offenkundig. Zwanzig Parks und Ferienorte stehen unter Schutz. Sie bedecken 14,8 Prozent der Landesfläche, nämlich 12,2 Millionen Hektar. Man hat 300 verschiedene Bäume und 3500 Blütenpflanzen erfaßt, die in den Wüsten, den Savannen und dem Trockenwald gedeihen. Einzigartig ist die **Welwitschia**, die man am Nordrand des Namib-Naukluft Parks findet: eine botanische Kuriosität, die mit keiner anderen Spezies verwandt ist, jahrhundertealt wird und ihre Feuchtigkeit von Meeresnebeln erhält. Die Köcherbäume und Flechtenarten werden Sie ebenso faszinieren wie Steinblumen und Fettpflanzen, die sich alle wunderbarerweise dem trockenen Klima angepaßt haben.

Bei der Fauna hat man bisher über 130 Säugetierarten verzeichnet. Das wichtigste Tierschutzgebiet ist die **Etosha-Pfanne** im Norden. An den Wasserlöchern dieser Salzpfanne sieht man große Herden von Springböcken, Gems- oder Spießböcken (Oryx), Impalas, Zebras und Gnus. An Raubtieren sind viele Löwen, Leoparden, Geparden und Hyänen vertreten. Am weltberühmten **Wasserloch von Okaukuejo** können

TopTen 5

Die Wüste lebt: Etwa 3500 Blütenpflanzen gedeien im unwirtlichen Klima

Sie nachts Giraffen, Nashörner und Elefanten fotografieren, denn die Wasserstelle ist gut beleuchtet. Die Wüstenelefanten und Kaokoland-Giraffen werden Sie nur mit zäher Ausdauer und viel Glück zu Gesicht bekommen.

Im **Caprivi-Wildpark** und in den drei **Nationalparks Mahango, Mamili** und **Mudumu** sieht man entlang der papyrusumsäumten Flüsse und Kanäle Hunderte Nilpferde und Krokodile sowie Elefanten, Büffel und eine Vielzahl von Antilopen. Vogelfreunde kommen im Etosha-Nationalpark, aber besonders auch an der Atlantikküste auf ihre Kosten: Flamingos und Pelikane, Damara-Seeschwalben und Namib-Lerchen sind nur einige der über 600 registrierten Vogelarten Namibias, von denen viele nirgendwo sonst auf der Welt anzutreffen sind.

Vielvölkerstaat Namibia

Fast ebenso vielfältig ist die Bevölkerung mit ihren sehr unterschiedlichen **Ethnien**. Die **Ovambo**, überwiegend im Norden ansässig, bilden mit über 50 Prozent die bei weitem größte und mächtigste Bevölkerungsgruppe. Danach folgen mit Anteilen unter 10 Prozent die Kavango, die Herero und Damara, die Weißen südafrikanischer und deutscher Abstammung, die Nama, die Mischlinge und die Caprivianer, die Buschleute und die Basters aus Rehoboth (→ Bevölkerung, S. 112).

Die verschiedenen Gruppen sind stolz auf ihre Herkunft und Traditionen. Niemand sollte einen **Rehoboth Baster** (der Name geht auf das Schimpfwort »Bastard« zurück, dessen sich die Baster aber keinesfalls schämen)

Intimer Moment: Gepardenpärchen auf freier Wildbahn

Großartiges Naturschauspiel: An der Grenze zu Angola stürzen die Ruacana Falls über 110 m in die Tiefe

Namibia ist stolz auf die 1990 erkämpfte Unabhängigkeit

beispielsweise mit einem Mischling verwechseln – obwohl die Baster selbst aus Ehen zwischen Schwarzen und Weißen in Südafrika hervorgehen. Heute lehnen sie jede Vermischung mit anderen Ethnien ab und fordern sogar ihre Unabhängigkeit. Die Baster betrachten sich als das reinste Volk der Welt und verweisen stolz auf einen Stammbaum, der seit 1870, als eine Handvoll Familien vom Kap der Guten Hoffnung aus einwanderte, exakt darlegt, wer sich wann mit wem vermählte.

Die **Herero** verstehen sich als die eigentlichen Freiheitskämpfer Namibias. Mit Stolz verweisen sie auf ihren langen Kampf gegen die deutsche Kolonialmacht und darauf, daß ihr Häuptlingsrat schon 1946 – lange vor der von den Ovambo beherrschten Swapo, der früheren Widerstandsbewegung und heutigen Regierungspartei – bei den Vereinten Nationen gegen die Besetzung durch Südafrika protestierte. 1978 wurde der Herero-Chef Clemens Kapuuo ermordet, und kaum ein Herero hegt Zweifel daran, daß die Swapo für das Attentat verantwortlich war.

Die eigentlichen Ureinwohner Namibias sind die **Buschleute**. Manche ihrer Felszeichnungen werden auf 28 000 Jahre datiert. Bis heute führen viele Buschmänner ein Jäger- und Sammlerdasein, das sonst nur noch bei den Ovahimba, einem Unterstamm der Herero, im Nordwesten des Landes aufzufinden ist. Kein Volk Afrikas hat länger und zäher unter den widrigsten Umständen überlebt. Der Buschmann hat ein einzigartiges Verhältnis zur Natur: Er entschuldigt und bedankt sich bei dem Wild, das er erlegt hat. Wohlwissend, daß es bessere Spurenleser nicht gibt, benutzte die südafrikanische Armee jahrelang Buschmänner im Kampf gegen Swapo-Freischärler. Das Resultat war ein langsamer Prozeß der Verwestlichung, was unweigerlich auf Dauer den Verlust jener Instinkte bedeutete, die den Buschmännern ihre einzigartige Anpassungsfähigkeit an die Natur gaben.

Bewegte Geschichte

Vierhundert Jahre vor den ersten deutschen Freiwilligen der Kaiserlichen Schutztruppe waren die Seefahrer Diego Cão und Bartholomaeus Dias an der afrikanischen Westküste gelandet. Sie errichteten Steinkreuze – und fuhren dann weiter. Die Deutschen, zuerst Abenteurer, Forscher und Missionare, gefolgt von Kolonialisten und Soldaten, aber blieben. Ursprünglich wollten sie auch »mit Verständnis für die Eigenart der vorgefundenen Bevölkerung« auftreten, wie Major Theodor Leutwein, Gouverneur von 1894 bis 1905, niederschrieb. Anfangs wurde dieser Vorsatz auch eingehalten. Die Deutschen griffen zwar in einen schwelenden Stammeskrieg zwischen Namas und Hereros ein und besiegten Nama-Häuptling Hendrik Witbooi, aber sie schlossen einen milden Friedensvertrag.

Leutweins Nachfolger Generalleutnant Lothar von Trotha, der zeitweise fast 15 000 Mann befehligte, hielt es dagegen mit »Blut und Eisen«. Trotha schlug den Hereroaufstand in der **Schlacht am Waterberg** brutal nieder. Seinem historischen Vernichtungsbefehl (»Innerhalb der Grenze wird jeder Herero, mit oder ohne Gewehr, erschossen«) vom 2. Oktober 1904, der im Berliner Reichstag scharf kritisiert wurde, fielen Zehntausende von Herero zum Opfer. Tausende, auch Frauen und Kinder, flüchteten in die Sandwüste, die Omaheke. Selbst dort wurden sie von Trothas Soldaten noch verfolgt und massakriert.

Mancher deutsche Siedler behandelte »seine« Herero grausam und brutal: Prügelstrafen, Morde und Vergewaltigungen waren oft an der Tagesordnung. Lange vor den Südafrikanern, die Namibia von 1915 bis 1990 besetzten und entgegen dem ursprünglichen UNO-Mandat als fünfte Provinz Südafrikas betrachteten, führten die deutschen Kolonialherren auch die staatlich verordnete Rassentrennung ein. So wurde am 23. Januar 1905 die »Verordnung zum Verbot der Mischehen« erlassen. Andererseits haben deutsche Bauern, Geschäftsleute, Ärzte und Wissenschaftler weite Teile des Landes erschlossen. Mit Ausdauer wurde das Fundament des modernen Namibia geschaffen.

Die Bundesrepublik hat versucht, die historische Schuld der Deutschen wieder gutzumachen: Bonn ist der mit Abstand größte ausländische Entwicklungshelfer Namibias und fördert u. a. den Bau einer Autobahn von Walvis Bay nach Botswana.

Lesetip

Zwei Romane des Swakopmunders **Giselher Hoffmann** sind beliebt: **Die Erstgeborenen** (Unionsverlag Zürich, 1994) beschreiben das Zusammenleben von Buschmann und Farmer, **Die Schweigenden Feuer** (Peter Hammer Verlag, 1994) die stolze und leidvolle Geschichte der Herero. Gern gelesen wird immer noch der Erlebnisbericht **Wenn es Krieg gibt, gehen wir in die Wüste** (Namibia Wissenschaftliche Gesellschaft, 1970) von **Henno Martin**, der mit seinem Freund Herrmann und ihrem Hund Otto zweieinhalb Jahre in der Namib lebte. Wer eine Reise nach Namibia mit einem Abstecher ins südliche Nachbarland verbindet, findet im **MERIAN live! Südafrika** Tips und Anregungen.

Der erste Weiße, ein holländischer Elefantenjäger, soll 1760 das Wüstengebiet betreten haben. Ihm folgten Händler, Forscher und Missionare aus Europa. Der Schwede Karl Johan Andersson sprach 1856 erstmals von Südwestafrika. 27 Jahre später erwarb der Bremer Tabakhändler Adolf Lüderitz von dem Eingeborenenführer Josef Frederiks für insgesamt 600 Pfund in Gold und 260 Gewehre einen Teil des Landes im Umkreis der Bucht Angra Pequena.

Kolonisation und Krieg

Weder Baster noch Herero, weder Ovambo noch Buschmann wurden zu alldem je befragt. »Kolonisation ist immer unmenschlich«, gab der deutsche Gouverneur Theodor von Leutwein einst zu. Als der Unabhängigkeitsprozeß Namibias in den achtziger Jahren zum Spielball der Großmächte und ihrer Stellvertreter wurde, hatte sich dies erneut bestätigt. Beginnend im August 1966 im Ovamboland, als es zur bewaffneten Konfrontation zwischen Guerillas der Südwestafrikanischen Volksorganisation (**Swapo**) und südafrikanischen Armeesoldaten kam, eskalierte ein Bürgerkrieg, in den erst das Nachbarland Angola, dann auch Kuba und die damalige UdSSR miteinbezogen wurden. Die Zivilbevölkerung der Ovambo wurde vielen Grausamkeiten und Schikanen ausgesetzt. Südafrika verfügte zeitweise über 40 Militärbasen und 35 000 Soldaten in Namibia und verdiente kräftig an der Diamantenförderung. Allein 1982 schürfte der Minenkonzern De Beers Diamanten im Wert von mehr als zwei Milliarden Mark.

Markt in Opuwo, der einzigen Stadt im dünn besiedelten Kaokoveld

Schwererkämpfte Unabhängigkeit

Seitdem aus der letzten Kolonie Afrikas am 21. März 1990 der 160. UNO-Mitgliedsstaat wurde, hat die Regierung von Präsident Sam Nujoma auf nationale Versöhnung gesetzt – mit Erfolg. Die Pessimisten haben Unrecht behalten. Namibia kann heute auf stabile und friedliche Verhältnisse verweisen. Windhuk gilt als die sauberste Hauptstadt in Afrika. Die landesweite Infrastruktur wurde weiter ausgebaut. Sehr wichtig war für den jungen Staat die Rückgabe der Enklave Walvis Bay mit ihrem Tiefseehafen durch Südafrika im Jahre 1994. Große Fischvorkommen entlang der 1500 Kilometer langen Atlantikküste und der wachsende Tourismus haben für Wirtschaftswachstum gesorgt. Mit den Diamantenvorkommen an der Mündung des Orangeflusses im äußersten Südwesten sowie seinem Uran, Gold, Kupfer und Blei gewinnt der Staat wichtige Devisen.

Und zu den Souvenirs, die Sie mit nach Hause nehmen, gehören bestimmt auch einige der vielen Quarze und Halbedelsteine, für die Namibia berühmt ist: Amethyste, Achate, Rosenquarze, Turmaline und Topase, die man auf manchen Gästefarmen bis heute findet. Oder eine der schönen Sandrosen am Strand von Lüderitz. Fotofans finden ein Paradies vor: der verdörrte Baum vor der untergehenden Sonne in der Namibwüste, das scheue Steinböckchen früh morgens im Waterberg Plateau Park, die Mondlandschaft bei Swakopmund oder der Elefantenbulle bei der Dusche im Wasserloch.

Das Diamantensperrgebiet rund um Lüderitz wirkt wie eine Mondlandschaft

Junge Demokratie

In Namibia funktioniert zwar vieles langsam, aber es funktioniert. Gemessen an afrikanischen Standards darf das Land als vorbildlich gelten. Dafür zeugen Krankenhäuser und Schulen, die internationalen Maßstäben genügen, der direkte Telefonanschluß in fast 200 Länder, eine gute Wasser- und Elektrizitätsversorgung. Weiße Namibier haben ihr Heimatland auch nach der Unabhängigkeit nicht verlassen; besonders junge Weiße haben die Unabhängigkeit und die Öffnung zum Ausland, nach jahrelanger Isolation, sehr begrüßt. Anläßlich des ersten Besuches eines deutschen Bundeskanzlers hob Präsident Nujoma im September 1995 die »besonderen Beziehungen« Namibias zu Deutschland hervor: »Unsere Erfahrung zeigt, daß es einen Weg vom Schlachtfeld zu Friede und Versöhnung gibt.« Bundeskanzler Kohl erwiderte: »Deutsche haben hier ihre Heimat gefunden. Sie sind ein Teil des Landes geworden. Wir Deutsche aus der Bundesrepublik stehen fest an Ihrer Seite.«

Die junge Demokratie Namibia braucht verläßliche Freunde. Das Einkommensgefälle ist steil: Fünf Prozent der Bevölkerung (das heißt überwiegend Weiße) verdienen durchschnittlich 30 000 DM im Jahr, die Mehrheit gerade 300 DM im Jahr. Die Arbeitslosigkeit liegt bei über 40 Prozent. Die Landflucht hat stark zugenommen. Daß die Regierung dennoch bei ihrer auf Versöhnung ausgerichteten Politik bleibt und nicht revanchistische Maßnahmen ergreift – Stichwort: Umverteilung des Landbesitzes –, ist bewundernswert.

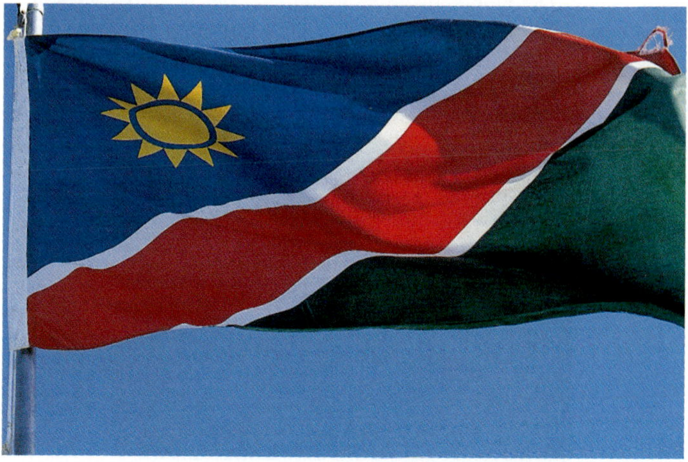

Die Nationalfarben symbolisieren Optimismus, Frieden und Entschlossenheit

Sechs Mal pro Woche fliegen Air Namibia, Lufthansa und LTU nonstop in knapp zehn Stunden nach Windhuk. Urlauber aus Europa benötigen kein Visum.

Mit dem Flugzeug

Air Namibia startet jeden Donnerstag, Samstag und Montag; weil die Maschine aus London kommt, hebt sie leider erst kurz vor Mitternacht in Frankfurt ab – nicht jedermanns Sache. Das Ticket kostet saisonabhängig zwischen 1843 und 2542 DM. Die Preise der Lufthansa – 1842 bis 2342 DM – beinhalten einen kostenlosen Zubringerflug nach Frankfurt aus Hamburg, Düsseldorf, Stuttgart und München. Die LH beginnt erst Ende Oktober 1996 dienstags und donnerstags mit angenehmen Nonstop-Tagesflügen nach Windhuk (8116 Kilometer aus Frankfurt); bis dahin muß man noch nachts via Johannesburg (Südafrika) fliegen, was die Reisedauer um drei Stunden verlängert. LTU bietet montags einen Nachtflug Düsseldorf – München – Windhuk an. Die Preise sind erheblich günstiger: In der Niedrigsaison bezahlt man 1399 DM, in der Hochsaison 1699 DM. Außerdem bekommen Kinder bis zwölf Jahre 50 Prozent Rabatt. Dieser Flug ist fast immer voll. Wer bei diesen drei Fluglinien keinen Platz mehr bekommt, kann über Johannesburg anreisen (aus Europa z. B. mit KLM, Swissair, AUA, Air France, BA, TPA, Alitalia). Aus Johannesburg werden Verbindungsflüge nach Windhuk täglich angeboten.

Für Europäer besteht in Namibia bis 90 Tage Aufenthalt keine Visa-Pflicht. Beim Zoll gelten die international üblichen Ein-

Der Bahnhof von Windhuk ist erst seit 1902 in Betrieb

Der Windhuker Flughafen wird von Deutschland aus direkt angeflogen

fuhrregeln. Die Einfuhr von Jagdwaffen ist problemlos, solange sie ordnungsgemäß deklariert werden.

Vom Flughafen zum Hotel

Meistens holt Sie der Hotel-Bus bzw. der Gästefarmer ab, oder der vorbestellte Mietwagen steht vor dem kleinen Flughafengebäude. Wenn nicht, gibt es halbstündig einen Busdienst, der Sie in 45 Minuten entweder zum Safari Hotel am Stadtrand von Windhuk oder zum Kalahari Sands Hotel in die Stadtmitte bringt. Schließlich warten auch Taxis auf Besucher. Die Preise für den Bus liegen unter 10 DM, für das Taxi bei 35 DM.

In andere Orte des Landes kommen Sie auch mit Zügen und dem Busdienst; populäre Fortbewegungsmittel sind es nicht, weil die Fahrten einfach zu lange dauern. Schneller, aber auch teurer geht's mit Air Namibia oder einem kleinen Charterflugzeug, die vom Eros-Flugplatz am Stadtrand von Windhuk aus starten: Jede Stadt, jeder Naturpark und viele Gästefarmen und Lodges haben eigene Landebahnen und -pisten. Besonders zur Skelettküste, in die Namibwüste oder zum Caprivizipfel ist ein Flug der langen und staubigen Anreise mit dem Auto vorzuziehen. Auskünfte in Deutschland

Namibia Tourismus
Im Atzelnest 3
61352 Bad Homburg
Tel. 0 61 72/40 66 50, Fax 40 66 90

Pauschalreisen und Sonderangebote erhalten Sie über Reisebüros, die sich auf Namibia spezialisiert haben.

DER BESONDERE TIP

Daan Viljoen Game Park Wenn die Kinder fünf Minuten nach Verlassen des Flughafengebäudes enttäuscht »Wo sind denn die Zebras?« quengeln, muß man sie nicht lange vertrösten. Die Safari kann nach einer Stunde beginnen. Vom Flughafen kommend durchfährt man Windhuk; über die C 28 sind es dann nur noch 20 Kilometer zum kleinen Wildpark im Westen der Hauptstadt. Die preiswerten Unterkünfte in den Bungalows sind sehr schön an einem See gelegen. Zebras, Gnus und Springböcke sehen Sie schon bei der ersten Rundfahrt. Restaurant, Schwimmbad und Kiosk. Nur mit Vorbuchung: Tel. 0 61/3 69 75, Fax 3 38 75, Bungalows mit je zwei Betten, Küche und Bad, Untere Preisklasse. ■ C 3

Namibias Straßen sind hervorragend. Das Reisen mit dem Mietwagen ist deshalb die beste Art, Land und Leute kennenzulernen.

Mit dem Auto

Sie benötigen einen internationalen Führerschein. Nur am Flughafen und in den Städten Windhuk, Swakopmund, Tsumeb (nur Avis) und Walvis Bay finden Sie die drei großen Autoverleihfirmen **Avis**, **Budget**, **Imperial**. Wer also nach Lüderitz (Südküste) oder gar Katima Mulilo (Ost-Caprivi) fahren will, muß auch wieder zurückfahren. Die Autos sind allgemein in gutem Zustand, aber Reifen (und Ersatzreifen!) sollte man sich immer genau ansehen. Sie müssen mit 900 DM (Versicherung inkl.) für sieben Tage rechnen, plus Benzin, bei etwa 2000 Freikilometern.

Thema Sicherheit: Es herrschen Linksverkehr, Anschnallpflicht und 120 km/h Höchstgeschwindigkeit, Kreisverkehr hat Vorfahrt. Achten Sie, besonders nachts, auf Wild – meistens Kudu-Antilopen –, das die Straße überquert. Besondere Vorsicht ist auf Schotterstraßen, auch »Wellblech« genannt, geboten: Hier sollte man nie schneller als 70 km/h fahren – die nächste Kur-

Nur mit Vierradantrieb machbar: Dünenüberquerung in der Namibwüste

ve oder Senkung kommt bestimmt – und bei starkem Staub Abblendlicht anschalten. Bei Pannen kann man die Automobil Association in Windhuk (Tel. 0 61/ 22 42 01) anrufen. Bei Überlandfahrten frühzeitig tanken.

Geländewagen und Camper

Wer auf Geländefahrten aus ist, findet in Windhuk bei **Kessler Car Hire** (Tel. 0 61/22 76 38), **Namib 4x4 Hire** (Tel. 061/22 06 04, in Swakopmund Tel. 0 64 40/ 6 17 91), **Zimmermann** (Tel. 0 61/ 3 71 46) und **RK 4x4 Hire** (Tel. 0 61/22 39 94) das richtige Gefährt; mit 190 DM pro Tag muß man allerdings rechnen. **Woodway Camper Hire** in Windhuk (Tel. 0 61/22 99 18) vermietet voll ausgerüstete Wohnwagen, sogar mit Allradantrieb, zu Preisen zwischen 200 und 400 DM pro Tag.

Mit dem Flugzeug

Air Namibia bietet vom Eros-Flughafen in Windhuk Linienflüge nach Katima Mulilo, Keetmanshoop, Lüderitz, Mokuti Lodge, Ondangwa, Oranjemund, Rundu, Swakopmund, Tsumeb und Walvis Bay. Außerdem kann man in Reisebüros Charterflüge und Rundflüge zu jedem Ziel mit einer Landepiste buchen.

Mit dem Zug, Bus oder Taxi

Langstreckenbusse (**Intercape Mainliner** und **Ekonoliner** in Windhuk) fahren in die größeren Städte Namibias und bis nach Südafrika. Züge sind selten voll, sehr langsam und halten oft. Nahverkehrsbusse gibt es nicht, Funktaxis kann man in Windhuk und Swakopmund vom Hotel aus rufen lassen.

Der Besondere Tip

Ballonfahrten Frühmorgens in 1800 Meter Höhe lautlos über die Namibwüste zu gleiten gehört zu den Hochgenüssen eines Urlaubs in Namibia. Die ständig wechselnde Farbpalette der Natur ist überwältigend. Der Heißluftballon schwebt über die riesigen Dünen bei Sossusvlei. Von oben erkennt man Sichel-, Längs- und Sterndünen, graue Granitberge und endlose Kiesebenen. Mit Glück entdecken Sie sogar Gemsböcke, Springböcke und Hyänen. Das Abenteuer beginnt auf der **Farm Kwessiegat**, 50 Kilometer südlich von Sesriem. Über Reisebüros buchen oder direkt bei **Namib Sky Adventure Safaris**, Maltahöhe, Tel. 0 66 32 – Vermittlung nach Nummer 5703 fragen (Verbindung manchmal schwierig). ■ C4

Wer mit dem Ballon über die Namibwüste gleiten will, muß früh aufstehen

Zwei Casino-Hotels, preiswerte Pensionen, Gästefarmen und Chalets in den staatlichen Naturreservaten: Namibia hat für jeden Geschmack etwas zu bieten.

Mit den Top-Hotels in Europa, den USA und Asien kann sich keine Herberge Namibias messen – auch nicht die einzigen vier 4-Sterne-Hotels des Landes, das Kalahari Sands, das Safari Court, das Windhoek Country Club Resort/Casino und das neue Swakopmund Station Hotel/Casino (das etwas zu steril in den alten Reichsbahnhof gebaut wurde).

Hohen Ansprüchen werden folgende drei Edellodges gerecht: die Mount Etjo Safari Lodge, die Mokuti Lodge (→ Beschreibungen S. 27) und die Ongava Game Reserve (→ Der Besondere Tip, S. 89). Die großen Hotelketten (Sheraton, Hilton, Interconti) sind in Namibia nicht vertreten.

In Windhuk, Swakopmund und Lüderitz findet man altbewährte und preiswerte Pensionen, das Frühstück ist in diesen Häusern fast immer im Preis inbegriffen.

Was den Service angeht, sollte man keine hohen Maßstäbe anlegen. Nur in einigen wenigen Unterkünften werden Sie richtig verwöhnt. Reservierung ist generell anzuraten.

Der 1900 erbaute Reichsbahnhof von Swakopmund ist heute ein Hotel

Wildparks und Erholungsstätten

Es gibt 20 staatliche Parks und Erholungsstätten in Namibia. Aber nur in den drei Camps des Etosha National Parks (Okaukuejo, Halali und Namutoni), im Daan Viljoen Game Park (→ Der Besondere Tip, S. 18), in Ai-Ais und Groß-Barmen (jeweils heiße Quellen), Reho-Spa, am Hardap-Damm, im Waterberg Plateau Park und im Kandom Game Park (Kavango) können Sie in Chalets oder wenigstens Holzhütten übernachten – alle übrigen Lagerplätze sind nur für Camper (Wohnwagen, Zelt) ausgerüstet! Befolgen Sie beim Campen die Anweisungen der Ranger in den Wildreservaten.

Im Vergleich zu den privaten Lodges sind die staatlichen Unterkünfte sehr preiswert. Und da man sich dort wunschweise selbst verpflegen kann, wird die Urlaubskasse zusätzlich geschont – besonders bei Familien ein wichtiges Argument.

Alle Adressen, Einzelheiten, Öffnungszeiten usw. werden in der praktischen Broschüre »Namibia Beherbergungsführer für Touristen« angegeben, die in jedem Reisebüro und Informationsbüro kostenlos und auf deutsch erhältlich ist – jedes Jahr neu und aktualisiert.

Hotels sind bei den einzelnen Orten im Kapitel »Sehenswerte Orte und Ausflugsziele« beschrieben. Hotels ohne Angaben zu Kreditkarten akzeptieren nur Barzahlung.

Gästefarmen und Lodges

Folgende Unterkünfte können wir Ihnen empfehlen. Bitte beachten Sie bei den Anfahrtsbeschreibungen (immer aus Windhuk kommend) genau die Kilometerangaben, und fahren Sie so rechtzeitig los, daß Sie auf jeden Fall **vor Einbruch der Dunkelheit** ankommen! Die angegebene Fahrzeit stellt natürlich nur einen Anhaltspunkt dar. Telefonnummern bitte überprüfen, da sich einige Vorwahlen 1996 ändern werden. Bezahlung mit Kreditkarten nur möglich, wo angegeben.

Tip: Halten Sie Ihre Türen fest verschlossen, wenn Sie nicht ständig mit Fliegen und Mücken leben wollen. Klimaanlagen in den Zimmern wird man nur selten vorfinden, dafür hat fast jede Farm ein Schwimmbad. Achten Sie darauf, ob auf der jeweiligen Farm auch gejagt wird – viele Besucher, besonders Kinder, könnten das als unerträglich empfinden. Ein möglichst mehrtägiger Aufenthalt auf einer Gästefarm ist jedem Namibia-Besucher zu empfehlen, da man kaum besser Einblick in das Leben auf einer Farm gewinnen kann.

Preisklassen
Die Preise gelten für eine Übernachtung im Doppelzimmer für eine Person, ohne Frühstück.
Luxusklasse ab 300 N$
Obere Preisklasse ab 200 N$
Mittlere Preisklasse ab 100 N$
Untere Preisklasse 50–100 N$

Ameib Ranch ■ C 3
Am Rande des Erongogebirges gelegen. Neben Antilopen und Giraffen auch schöne Felsmalereien. Geführte Wanderungen, kleiner Tierpark.
Anfahrt: B 2 Richtung Swakopmund, in Usakos auf die D 1935, 13 km nach Norden, dann rechts die D 1937 16 km bis zum Schild. 4 Std.
P. O. Box 266, Usakos
Tel. 0 64/40 11 11, Fax 23 57 42
8 Zimmer
Obere Preisklasse

Anib Lodge ■ D 4
Eine der wenigen Lodges am Rande der Kalahariwüste: Hier erleben Sie eine grüne Oase in rotem Sand. Wildfahrten und Touren (1–3 Tage) bis zum Fish River Canyon. Schwimmbad, Kinderspielplatz.
Anfahrt: B 1 nach Süden bis 10 km vor Mariental (Schild), dort links auf die C 20 21 km Richtung Aranos, dann kommt links ein Schild, von dort sind es noch 3 km bis zur Lodge. 3 Std. Reservierung:
P. O. Box 800, Mariental
Tel. 06 61/5 29, Fax 5 16
6 Zimmer
Mittlere Preisklasse
Kreditkarten: EC, Visa

Auas Game Lodge ■ D 3/D 4
Die Nähe zur Hauptstadt – nur 45 km südlich von Windhuk – macht diese Lodge ideal für jeden, der an einem Wochenende eintrifft, wenn in Windhuk »tote Hose« herrscht. Die Zimmer (alle mit Telefon) sind schön eingerichtet, für guten Service sorgt das afrikaerfahrene Ehepaar Kunert. Das schmackhafte Essen wird von einem deutschen Koch zubereitet, vorher nimmt man einen Drink an der Bar zu sich. Bei den Wildfahrten (Blesböcke, Zebras, Giraffen, Kudus, Oryx, Elands) erleben Sie ungewöhnliche weite Aussichten über das Farmland und auf die 200 m hohen Auas-Berge. Schöne Vogelwelt am malerischen Staudamm. Der Sonnenuntergang vom Affenfelsen aus ist ein Erlebnis. Attraktion, besonders bei der Fütte-

Der Besondere Tip

The Cardboard Box in Windhuk Die ideale Herberge für Rucksacktouristen und Leute mit kleinem Reisebudget. Man wohnt zwar fast wie in einer Jugendherberge, dafür aber sauber und preiswert und erfährt außerdem, wie es derzeit in anderen Landesteilen aussieht, von welchen Gebieten abzuraten ist, was man vermeiden sollte, wo man preiswert etwas zu essen bekommt und wo abends so richtig der Bär brummt. Von hier aus läuft man in zehn Minuten bis zum Stadtzentrum. Auf Anfrage sind auch Wochentarife möglich. Johann-Albrecht-Str. 15, Windhuk, Tel. 0 61/22 89 94, 3 Doppelzimmer plus 30 Betten, Untere Preisklasse. Kreditkarten: DC, EC, Visa
■ b 2

rung: ein Becken mit Krokodilen. Auf Wunsch Abholung aus Windhuk und vom Flughafen.
Anfahrt: Auf der B 1 22 km nach Süden, beim Schild links ab auf die Schotterstraße D 1463, nach 22 km rechts zur Lodge.
P. O. Box 80887, Windhuk
Tel. 0 61/24 00 43, Fax 0 61/24 86 33
17 Zimmer
Obere Preisklasse
Kreditkarten: Visa, Mater, Diners

Epako Game Lodge ■ C 3
Vom Restaurant (elegant, französische Küche) übersehen Sie abends ein beleuchtetes Wasserloch, an dem regelmäßig Nashörner erscheinen. Wildreich: Elefanten, Giraffen, Zebras, Geparden, Leoparden und viele Antilopenarten. Schwimmbad, Tennisplatz. Luxuriöse Zimmer mit Klimaanlage, Minibar und Telefon; Satelliten-TV im Aufenthaltsraum.
Anfahrt: B 1 nach Norden bis Okahandja, dann die B 2 Richtung Swakopmund bis Wilhelmstal, dort die C 36 bis Omaruru, auf der C 33 Richtung Otjiwarongo 19 km, links ab (Schild), 2 km bis zur Lodge. 2,5 Std.
P. O. Box 108, Omaruru
Tel. 0 64/5 70 55 10-2, Fax 57 05 53
22 Zimmer
Luxusklasse (Vollpension inkl.)
Kreditkarten: AE, EC, Visa

Etosha Aoba Lodge ■ D 1/D 2
Hohe Bäume, strohgedeckte Bungalows und gute Küche. Flora und Fauna werden auf Wanderungen und Wildfahrten erläutert. 10 km zum Etosha National Park.
Anfahrt: B 1 immer nach Norden, über Okahandja, Otjiwarongo und Tsumeb, dann nach links in die C 38, nach 13 km rechts. 6 Std.
P. O. Box 469, Tsumeb
Tel. 06 71/2 91 00, Fax 2 91 01
10 Zimmer
Obere Preisklasse (Halbpension inkl.)
Kreditkarten: EC, Visa

Fort Sesfontein Lodge ■ B 2
Koloniales Ambiente und ein renoviertes deutsches Fort. Weit weg von der »Zivilisation« schlafen Sie in

Das Burghotel Nondias bei Swakopmund war früher Kaiserliche Zollstation

Himmelbetten und genießen das gute Essen. Die malerische, bergige Gegend ist das Tor zum einsamen Kaokoveld.
Anfahrt: B 1 bis Otjiwarongo, C 38 bis Outjo, nach 9 km C 40 bis Kamanjab, dann die D 2620 118 km, dann rechts auf die D 3706 115 km bis nach Sesfontein, dort am Ende des kleinen Ortes gelegen. 9 Std. – früh losfahren!
P. O. Box 40291, Windhuk
Tel. 0 61/22 09 38
13 Zimmer
Obere Preisklasse

Hobatere Lodge ■ B 2
Am Westrand der Etosha-Pfanne, mitten im Busch. Wildreiche Farm mit Elefanten, Löwen, Leoparden und vielen Antilopenarten.
Anfahrt: B 1 bis Otjiwarongo, C 38 bis Outjo, nach 9 km C 40 bis Kamanjab, dann die C 35 Richtung Ruacana, nach 80 km links ab (Schild). 6 Std.
P. O. Box 110, Kamanjab
Tel. 0 65 52/20 22
11 Zimmer
Mittlere Preisklasse
Kreditkarten: AE, EC, Visa

Intu Africa Game Lodge ■ D 4
An den Ausläufern der roten Kalahariwüste gelegen, was herrliche Sonnenuntergänge garantiert. Wildfahrten: Giraffen, Wildebeest, Oryx, Kudu und mit Glück nachts Leoparden. Wer noch tiefer im Busch leben will, kann auch im Kameldorncamp in Zelten wohnen. Schwimmbad, Bar.
Anfahrt: B 1 nach Süden bis Kalkrand (Schild), dann links auf die C 21 44 km Richtung Hoachanas, dann rechts in die D 1268, 22 km bis zum Schild »Onze Rust«, durchs Tor, 7 km bis zur Lodge. 3 Std.
Reservierung:
P. O. Box 652, Walvis Bay
Tel. 0 64/20 47 24, Fax 20 49 21
13 Zimmer
Obere Preisklasse (Halbpension inkl.)
Kreditkarten: AE, DC, EC, Visa

J&C Lievenberg ■ C 3
Gute Küche. Schwimmbad, Tennisplatz, Reitpferde. Wild: Kudus, Oryx, Springböcke, Zebras und Warzenschweine, am Farmhaus Strauße. Ein großer Luxus-Bungalow.
Anfahrt: B 1 von Windhuk nach Norden; dann auf die B 2 Richtung Swakopmund. Nach 60 km links ab in Richtung Otjimbingwe (Schild), nach weiteren 30 km wieder links (Schild), dann noch 18 km Farmweg. 3 Std.
P. O. Box 66, Okahandja
Tel. 06 28, Vermittlung nach Otjimbingwe 3112 fragen
Fax 0 61/23 44 70
6 Zimmer
Obere Preisklasse (Vollpension inkl.)

Lianshulu Lodge
→ Der Besondere Tip, S. 95

Midgard Lodge ■ D 3
Eine schöne Buschlodge der Namibia Resorts, mit Haupthaus im alpenländischen Stil. Sie essen gesund: selbstangebautes Gemüse, Obst und Quellwasser. Ausritte auf Pferden des eigenen Gestüts. Schwimmbad, Tennisplatz. Wild: Kudus, Oryx.
Anfahrt: 20 km östlich in Richtung Windhuker Flughafen, hinter Kappsfarm Sandpfad links in die D 2101, 10 km bis zur Kreuzung, dort links noch ca. 1,5 Autostunden (ausgeschildert). 2 Std.
P. O. Box 16, Windhuk
Tel. 06 21/50 38 88, Fax 50 38 18
36 Zimmer
Mittlere Preisklasse
Kreditkarten: AE, DC, EC, Visa

Mokuti Lodge ■ D 2
Direkt am Osteingang der Etosha-Pfanne. Strohgedeckte Bungalows, zwei gute Restaurants, üppige Gartenanlage und großes Schwimmbad. Tiere sehen Sie zu Fuß, auf Pferden oder vom Wagen aus auf dem eigenen wildreichen Terrain – und natürlich im nahe gelegenen Nationalpark (täglich kostenloser Transfer).
Anfahrt: B 1 immer nach Norden, über Okahandja, Otjiwarongo und Tsumeb, dann nach 60 km links den Schildern nach Etosha folgen. 6 Std.
P. O. Box 43, Tsumeb
Tel. 06 71/2 90 84, Fax 2 90 91
96 Zimmer
Luxusklasse
Kreditkarten: AE, DC, EC, Visa

Mount Etjo Safari Lodge ■ C 3
Vermutlich die bekannteste Lodge Namibias, von dem Tierschützer Jan Oelofse erbaut. Außer in der Etosha-Pfanne werden Sie nirgends mehr Wild antreffen, von Elefanten, Löwen, Leoparden, Geparden, Giraffen bis hin zu fast allen in Namibia vorkommenden Antilopenarten. Wildführungen zu Fuß und im offenen Wagen. Herrliche Wasserstellen. Schwimmbad. Stilvolle Unterkünfte, exzellentes Essen.
Anfahrt: B 1 nach Norden über Okahandja, nach 90 km links in die D 2483 (Schild), dann noch 42 km. 3 Std.
P. O. Box 81, Kalkfeld
Tel. 06 51/44 62-3, Fax 40 35
27 Zimmer
Luxusklasse
Kreditkarten: AE, DC, EC, Visa

Namib Desert Lodge ■ C 5
Mitten in der Namibwüste am Fuße eines Geröllmassivs gelegene Farm mit Ziegen, Schafen und Rindern. Die Ausfahrten durch die rote Felswüste sind beeindruckend, zumal man auch Kudus, Oryx, Springböcke, Stachelschweine und Affen sieht. Ausritte auf Pferden.
Anfahrt: Von Windhuk auf der C 26 und C 14 nach Solitaire, dann weiter in Richtung Sesriem (ca. 70 km), danach rechts ab auf die D 826, nach 150 km rechts auf die D 407, nach 24 km rechts auf die D 707, dann noch ca. 80 km (Schild). 7 Std.
P. O. Box 19, Aus
Tel. 0 63 62 nach 66 40 fragen
7 Zimmer
Mittlere Preisklasse (Vollpension inkl.)

Okonjima ■ C 3
Buschmann-Wanderungen nach alter Sitte, aber unter Führung. Mit etwas Glück erspähen Sie hier Geparden und Löwen. Verwaiste Gepardenbabies werden auf der Farm von Hand aufgezogen. Schöne Steinbungalows in einem angelegten Garten. Für Kinder unter zwölf Jahren nicht geeignet.
Anfahrt: B 1 über Okahandja 130 km nach Norden; links auf die D 2515, nach 24 km links ab (ausgeschildert). 2 Std.
P. O. Box 793, Otjiwarongo
Tel. 06 51/45 63-4
10 Zimmer
Obere Preisklasse (Vollpension inkl.)
Kreditkarten: EC, Visa

Omaruru Game Lodge ■ C 3
→ Der Besondere Tip, S. 41

Ongava Lodge ■ C 2
→ Der Besondere Tip, S. 89

Otjisazu ■ D 3
Gute Küche (Wildgerichte). In die grüne, hügelige Savanne kann man mit Pferden ausreiten, mit Fahrrädern fahren oder Wildfahrten mitmachen. Reptiliensammlung, Spielplatz und Schwimmbad mit Bar.
Anfahrt: Von Windhuk auf der B 1 70 km nach Norden; rechts auf die D 2102, nach 27 km rechts ab (ausgeschildert). 1,5 Std.
P. O. Box 149, Okahandja
Tel. 06 21/50 12 59 oder 69,
Fax 50 13 23
14 Zimmer
Luxusklasse
Kreditkarten: AE, DC, EC, Visa

Ovita Game Lodge ■ C 3
17 verschiedene Antilopenarten, Elefanten, Giraffen und Krokodile kann diese Lodge anbieten; außerdem werden bedrohte Tierarten gezüchtet. Wem die Übernachtung im Reihenhaus (statt Bungalow) nicht abenteuerlich genug ist, der kann auch im Busch zelten. Gute Wildgerichte.
Anfahrt: B 1 bis Okahandja nach Norden, nach nur 1 km links auf die D 2110, nach 45 km rechts in die D 2121, nach 12 km links. 1,5 Std.
P. O. Box 104, Okahandja
Tel. 06 21/50 38 81-2
5 Zimmer
Luxusklasse (Vollpension inkl.)

Sossusvlei Karos Lodge ■ C 4
In dieser Luxuslodge in der Namibwüste liegt die Betonung auf Umweltfreundlichkeit: Alle Unterkünfte

TopTen 2

wurden an die Natur angepaßt, selbst der Abfall wird nach Windhuk gebracht. Zelt-Stein-Bungalows im Beduinenstil mit herrlicher Aussicht nach allen Seiten. Das hat zwangsläufig auch zur Folge, daß es manchen Gästen zu staubig ist. Das extreme Wüstenklima – tagsüber sehr warm, nachts sehr kalt – muß man ebenfalls in Kauf nehmen. Dafür sehen Sie die weltberühmten Sanddünen und den Sesriem Canyon, über die Oryx und andere Antilopen ziehen. Lassen Sie sich die einmalige Fauna und Flora von Sossusvlei erklären. Geführte Touren zu Buschmannzeichnungen, Ballonfahrten, Pferdeausritte, Restaurant. Für Selbstfahrer steht eine Allradwagen-Vermietung zur Verfügung.
Anfahrt: Von Windhuk auf der C 26 und C 14 nach Solitaire, dann weiter in Richtung Sesriem (ca. 70 km), Lodge am Eingang nach Sossusvlei. 4 Std.
Oryx Tours in Windhuk (Tel. 0 61/2 31 74 54, Fax 26 34 17) bietet Mo, Mi und Fr einen Busdienst an. Comav (Tel. 0 61/22 75 12) fliegt vom Eros Flugplatz mit Cessna C 210-Maschinen, max. fünf Passagiere.
P. O. Box 6900, Ausspannplatz, Windhuk
Reservierung in Namibia:
Tel. 0 61/24 83 38
Reservierung in Deutschland:
Tel. 0 89/52 54 79, Fax 5 23 62 44
45 Zimmer
Luxusklasse
Kreditkarten: AE, DC, EC, Visa

Luxuriös wohnen mitten in der Wüste: die Sossusvlei Karos Lodge

Eine eigene Küche hat Namibia nicht anzubieten, deutsche Kost dominiert. Dazu zählt hier auch Exotisches wie Kudusteak, Straußenfleisch und Oryxgulasch.

In Windhuk, Swakopmund und einigen anderen Städten findet man auch italienische, französische und chinesische Restaurants sowie Schnellimbisse. Aber eindeutig überwiegt die deutsche Küche. Schwarzwälder Kirschtorte, Apfeltaschen, Berliner Krapfen sind ebenso häufig auf den Speisekarten anzutreffen wie Wiener Schnitzel, Gulasch und Sauerkraut. Hervorragendes Brot und Gebäck, Bratwürste und Aufschnitt, Kaffee – alles genauso gut wie zu Hause. Wer nach heißer, anstrengender Fahrt in Kleinstädten wie Grootfontein, Okahandja, Omaruru und Otjiwarongo eintrifft und Schilder mit deutscher Aufschrift wie »Bäckerei« oder »Metzgerei« erspäht, den durchströmt die Vaterlandsliebe wie lange nicht mehr. Das streng nach deutschem Reinheitsgesetz gebraute Bier (Lager, Export, Leicht- und Starkbier) zischt dann so richtig die Kehle hinunter. Für Selbstfahrer empfiehlt sich dringend der Kauf einer guten Kühlbox.

Wer gern Fleisch ißt, auf den wartet in Namibia Exotisches. In

Willkommene Stärkung nach langer Fahrt: Imbiß bei Omaruru

Restaurants, aber auch auf den Gästefarmen, wo die Farmersfrau auf gute Küche Wert legt, werden Steaks von Kudus, Oryx (Gems- oder Spießbock), Springböcken, Straußen und Warzenschweinen angeboten: Der Farmer geht regelmäßig »für den Topf« auf die Pirsch. Auch Wachteln und Flughühner werden erlegt. Lende, Rücken und Keulen sowie Leber und Nieren der Wildarten finden Verwendung: Um die schlanke Linie muß man sich nicht sorgen, das Fleisch ist fettarm, so wie es die »dürre Natur« vorgesehen hat.

Krokodilsteak gefällig?

Und wer das volle Essensspektrum erleben will, der kann schließlich auch noch Steaks vom Krokodil und Büffel und als Vorspeise Mopanewürmer und geflügelte Ameisen probieren. Namibier lieben außerdem das Grillen, den **braai**. Wahre Fleischberge (Rind, Lamm, Huhn) werden da vertilgt. Das braai ist traditionell Männersache und fast schon Volkssport: Man wendet die Fleischstücke, trinkt dabei Unmengen von Bier und unterhält sich über Politik, Sport, den Regenfall und – sehr wichtig – das tagsüber auf der Safari gesehene Wild.

Fischfreunde kommen ebenfalls auf ihre Kosten. Königsdorsche, Kabeljau, Seezungen, Steinbrasse und sogar Haie werden an der Atlantikküste gefangen. Die Austern aus Swakopmund zählen zu den besten der Welt; und die roten Steinhummer (engl.: **crayfish**, afrikaans: **kreef**) aus Lüderitz sind ebenfalls eine Delikatesse.

Das Obst kommt größtenteils aus Südafrika. Zitrusfrüchte (**cape**) aller Sorten, Pfirsiche und Birnen sind vielen Europäern längst bekannt, etwas weniger vielleicht Avocados, Guaven, Lychees, Mangos, Melonen und Papayas. Gemüse besteht meist aus Kartoffeln, Bohnen, Zwiebeln, Auberginen und Paprikaschoten. Bei Swakopmund wird auch grüner Spargel gezogen.

Wein wird weniger getrunken als Bier. Aber die Lagen, durchweg aus Südafrika, sind oft erstklassig. Rote (Cabernet Sauvignon, Merlot, Pinotage, Shiraz) und Weiße (Sauvignon Blanc, Chardonnay, Blanc Fume, Rhine Riesling) von Weingütern wie Nederburg, Boschendal, Buitenverwachting, Klein Constantia, Backsberg und De Wetshof sollten sich Weinliebhaber nicht entgehen lassen.

Restaurants sind bei den einzelnen Orten im Kapitel »Sehenswerte Orte und Ausflugsziele« beschrieben. Restaurants ohne Angaben zu Kreditkarten akzeptieren nur Barzahlung.

Preisklassen
Die Preise gelten für ein Menü mit drei Gängen, ohne Getränke und Trinkgeld.
Luxusklasse ab 90 N$
Obere Preisklasse bis 90 N$
Mittlere Preisklasse bis 50 N$
Untere Preisklasse bis 30 N$

Eßdolmetscher

A

aspargus: Spargel
atjar: Früchte mit Zwiebeln, in Currysoße konserviert

B

baby marrows: Zucchini
beskuit: Zwieback
biefstuk: Rindersteak
bier: Bier – meist mit Handelsnamen bestellt: Castle, Lion, Amstel, Ohlsons, Windhoek Lager
biltong: Trockenfleisch
blatjang: gewürzte Soße in Flaschen, wie Chutney
boerewors: gewürzte Mettbratwurst der »Boere« (Buren)
bredies: Gemüseeintopf
broccoli: Gemüsekohl
Brussel sprouts: Rosenkohl
butternut: Kürbisgemüse

C

cabbage: Kohl
cake: Kuchen
calamari: in Öl gebratener Tintenfisch, in Ringe geschnitten
canned beer: Dosenbier
carrot: Karotte
cauliflower: Blumenkohl
celery: Stangensellerie
cereals: Frühstücksflocken oder Müsli
charcoal: Holzkohle
cheese: Käse
cherries: Kirschen
chicken: Hühnchen
chips/french fries: Pommes frites
chocolates: Pralinen
chop: Kotelett
cider: Apfelmost
cinnamon: Zimt
clams: Muscheln
cod: Kabeljau
coleslaw: Krautsalat
cover charge: Gebühr pro Gedeck
crab: Krabben
crayfish: Krustentier, ähnlich dem Hummer

Der Besondere Tip

Biltong geht vermutlich auf die Burenpioniere aus Südafrika zurück. Es handelt sich um unansehnliche, aber schmackhafte Streifen Trockenfleisch, die man langsam kaut. In Namibia kommt es vorzugsweise von der einheimischen Kudu-Antilope und vom Strauß. Man bekommt es in Supermärkten und an Spezialständen mit der Aufschrift »Biltong«. Wegen seines geringen Gewichtes und langer Haltbarkeit eignet es sich sehr gut als kleiner Snack zwischendurch auf der Fahrt und beim Wandern. Gewiß ist das zähe, salzige Fleisch nicht jedermanns Sache. Aber es ist ein bißchen wie bei Erdnüssen: Wenn Sie mal gekostet haben, greifen Sie immer wieder danach.

cream: Sahne
cucumber: Gurke
custard: Vanillesauce
cutlet: Kotelette

D

dairy products: Milchprodukte
deep fried: fritiert
desert: Nachspeise
dish: Mahlzeit, zum Beispiel »vegetarian dish«
drank: Getränk
draught beer: Bier vom Faß
dried: getrocknet
droe vrugte: Trockenfrüchte
dry: trocken (Wein, Sherry, Sekt)
duck: Ente
dumplings: Klöße

E

eiers: Eier
– *gekookte:* gekocht
– *gebakte:* gebraten
eggplant, eierfrug: Auberginen
ertappel: Kartoffel

F

figs: Feigen
fillet: Filet
flavouring: Geschmacksnote
fork: Gabel
fried: in der Pfanne gebraten
– *eggs:* Spiegeleier
fruit juice: Fruchtsaft
fruit salad: Obstsalat

G

galjoen: Speisefisch (auch: *damba*)
game: Wild
garlic: Knoblauch
gooseberry: Stachelbeere
grape: Weintraube
gravy: Bratensauce
groenboontjies: grüne Bohnen

H

haddock: Schellfisch
halibut: Heilbutt
ham: Schinken
hare: Hase
hash: Ragout

Plastikschüsseln ersetzen auch auf dem Land die traditionellen Gefäße

herbs: Kräuter
horseradish: Meerrettich
herring: Hering
hot: heiß, scharf

I

icecream: Eis
iced coffee: Eiskaffee

J

jacket potatoes: gebackene Kartoffeln, meist gefüllt
jam: Marmelade
jelly: Gelee
joint: rosa Bratenstück
juicy: saftig

K

kablejou: Kabeljau
kidney: Nieren
kingklip: feiner Weißfisch
kippers: Räucherhering
knife: Messer
knuckle: Knöchel, Kniestück (Lamm, Kalb)
konfyt: in Zucker konserviertes Obst
koeksisters: sehr süßes, geflochtenes Gebäck
kool: Kohl

L

lager: helles Bier
lamb: Lamm
lamsboud: Lammknochen
lean: mager
leek: Lauch, Porree
leg: Keule
lemon: Zitrone
lentils: Linsen
lettuce: grüner Salat
liquor: Likör, Schnaps
liver: Leber
lobster: Hummer
loin: Lendenstück

M

maalvleis: Hackbraten
mackerel: Makrele
main dish: Hauptgericht
marinated: eingelegt, mariniert
mash: Brei

Historische Bierwerbung

mashed potatoes: Kartoffelbrei
meat: Fleisch
– *cattle:* Rind
– *chicken:* Huhn
– *duck:* Ente
– *lamb:* Lamm
– *pork:* Schwein
– *veal:* Kalb
melktert: Milchtorte
menu: Speisekarte
middagete: Mittagessen
mielies: Maiskolben
milk: Milch
minced meat: Hackfleisch
mineral water: Mineralwasser mit Kohlensäure *(sparkling)* oder ohne *(non sparkling)*
mosbolletjies: Teigbrötchen aus gegorenem Wein
muffins: heißes Teegebäck
mullet: Barbe
murgbeen: Knochenmark
mushroom: Pilz
mussels: preiswerte Schwarzmuscheln
mustard: Senf
mutten: Hammelfleisch

N

night cap: Schlummertrunk, letzter Drink

O

omajova: Pilz, der auf Termitenhügeln wächst
onion: Zwiebel
oysters: lokale Austern

P

pampoen: Kürbis
pancake: Pfannkuchen
pap: trockener Maisbrei
parsley: Petersilie
partridge: Rebhuhn
pastries: Gebäck
pea: Erbse
peach: Pfirsich
pear: Birne
perch: Barsch
peppers: Paprikaschoten
pheasant: Fasan
pie: Pastete
pigeon: Taube
pike: Hecht
pineapple: Ananas
plaice: Scholle
plums: Pflaumen
pork: Schweinefleisch
porridge: Haferbrei
pot: Kännchen
potato: Kartoffel
poultry: Geflügel
prawns: Garnelen

R

rabbit: Kaninchen
raisins: Rosinen
rare: halbroh
raspberries: Himbeeren
rib: Rippe
rice: Reis
roast beef: kalter Braten
roasted: gebraten
roe: Rochen

S

sage: Salbei
salad: Salat
salmon: Lachs
salted: gesalzen, gepökelt
samoosas: dreieckige Teigtaschen mit Gemüse oder Curry
sausage: Würstchen
scallop: Kammuschel
scrambled eggs: Rühreier
scones: weiches, süßes Teegebäck
seafood: Meeresfrüchte
self-service: Selbstbedienung
service charge: Aufschlag von 10–15 Prozent, der in manchen Lokalen für die Bedienung erhoben wird (ist auf der Speisekarte vermerkt)
shallots: Schalotten
shellfish: Krustentiere

shrimps: Garnelen
sirloin: Lendenstück vom Rind
slice: Scheibe
smoked: geräuchert
snoeksmoor: Snoek-Fisch mit Pilzen und Kartoffeln
soft-boiled eggs: weiche Eier
soft drink: alkoholfreies Getränk
sole: Seezunge
sosaties: gegrillte Fleischstückchen am Spieß mit Früchten
soup: Suppe
sour: sauer
spareribs: Rippchen (vom Schwein)
spicy: gut gewürzt
spinach: Spinat
spirits: Spirituosen
springbok: schmackhafte Kleinantilope
spare ribs: Rippen
squash: Turbankürbis
squid: Tintenfisch
starter: Vorspeise
steamed: gedämpft, gedünstet
stew: Eintopf
stewed: geschmort
strawberries: Erdbeeren
stuffed: gefüllt
sugar: Zucker
sultanas: Rosinen
sweets: Süßspeisen

T

table spoon: Eßlöffel
tart: Obsttorte
tenderloin: Filet
toasted: geröstet
tomatoes: Tomaten
tongue: Zunge
trifle: süßer Auflauf
trout: Forelle
turbot: Steinbutt
turkey: Truthahn

V

veal: Kalb
vegetable: Gemüse
vegetarian: vegetarisch
venison: Reh
vinegar: Essig
vleis: Fleisch
– *eend:* Ente
– *hoender:* Huhn
– *kalfvleis:* Kalb
– *lam:* Lamm
– *varkuleis:* Schwein
– *bees:* Rind

W

well done: durchgebraten
white gabbage: Weißkohl
whiting: Merlan

Produkte aus Leder und Karakulwolle, einheimischer Schmuck, Kunst und Puppen werden vor allem in Swakopmund und Windhuk angeboten.

Wer würde nicht gern das Super-Souvenir schlechthin mitnehmen – einen lupenreinen Diamant aus Oranjemund im Süden, wo mit die schönsten Steine der Welt gefunden werden. In Windhuk und Swakopmund gibt es gute Juweliere; besser und günstiger als daheim kaufen Sie Diamanten in Namibia jedoch nicht. Außergewöhnliche Schmuckstücke im »afrikanischen« Design – Kreationen aus Gold, Horn, Elfenbein und Halbedelsteinen – bieten einige Goldschmiede an (Einkaufsadressen im jeweiligen Ortskapitel). Außer in den beiden größeren Städten führen auch **Namibia Gem Stones** in Outjo (Etosha Street) und **Omaruru Souvenirs** in Omaruru (Wilhelm Zeraua Road) ein reiches Sortiment an Halbedelsteinen.

Aus der einheimischen Karakulwolle werden Teppiche, Wandbehänge und Pelzjacken (**swakara**) hergestellt. In Lüderitz sollte man das **Umgongo-Kunstzentrum** aufsuchen. Viele Hersteller weben sogar Motive, die vom Käufer selbst vorgeschlagen werden. Wollprodukte ganz anderer

Aus der Wolle der Karakulschafe werden kunstvolle Wandbehänge gewebt

Aus Karakulwolle gefertigte Teppiche sind besonders fest und dicht

Art stellt die Swakopmunder **Angora Farm** her: Die Kaninchen werden alle 14 Tage vorsichtig gerupft (nie geschoren); daraus entstehen kuschelige Textilien von Spitzenqualität. Ebenfalls in Swakopmund befindet sich die Lederfabrik **Tannery**, deren Taschen und Schuhe aus Wildhäuten mittlerweile weit über die Grenzen Namibias bekannt geworden sind.

Bilder und andere Kunstgegenstände findet man in **Curioläden** und Kunstgalerien. Für Bücherfreunde ist **Peter's Antiques** in Swakopmund eine tolle Fundgrube, besonders was alte Schmöker und Orden aus der deutschen Kolonialzeit angeht. Briefmarkensammler sollten nicht vergessen, in der Hauptpost in Windhuk am Schalter »Philately/Philatelie« vorbeizugehen oder zu **Namib Stamps** in Swakopmund. Die bunten Hereropuppen finden viele Besucher nach wie vor unwiderstehlich. Die seltsamen, aus Kalziumsulfatkristallen bestehenden Sandrosen aus Lüderitz sind einmalig auf der Welt; aber sie müssen ganz sorgfältig verpackt werden, sonst haben Sie daheim nur Krümel übrig.

Ladenöffnungszeiten

Die meisten Geschäfte sind ab Samstagmittag geschlossen; selbst die Hauptstadt wirkt am Wochenende wie ausgestorben. Nur einige große Supermärkte wie **Model** und **Wecke und Voigts** haben am Sonntagvormittag geöffnet. Werktags haben die Geschäfte normalerweise von 8.30 bis 17.30 Uhr geöffnet. Am ersten und dritten Samstag im Monat findet in der Fußgängerzone in der Post Street Mall in Windhuk ein bunter Straßenmarkt statt.

DER BESONDERE TIP

Africa Life Style und Namibia Crafts Centre Unter den vielen Souvenirgeschäften heben sich diese beiden Läden in Windhuk wohltuend ab. **Africa Life Style** gehört drei Künstlerinnen, die ihre Erzeugnisse anbieten. Dazu zählen handbestickte Textilien, Hüte, bemalte Straußeneier, geschnitzte Möbel, Mobiles, afrikanischer Schmuck, Bilder und Wollteppiche. Nur drei Minuten zu Fuß entfernt ist das **Namibia Crafts Centre**, wo weitere Produkte einheimischer Künstler verkauft werden. Africa Life Style, Garten Str. 25; Namibia Crafts Centre, Mandume Ndmufayu St. 40. Mo–Fr 9–17.30, Sa 9–13 Uhr.
■ d3/d4

Auf Kinder ist man in Namibia fast überall eingestellt. Die Gästefarmen und Wildparks mitten in der Natur sind ein Paradies für die Kleinen.

Die Temperaturen im Hochsommer (bis zu 40 °Celsius im Dezember bis Februar) müssen Sie einkalkulieren. Lange Fahrten im Auto sind kleinen Kindern dann kaum zuzumuten, und ab zwei Kindern sollte man unbedingt einen Kleinbus mit Klimaanlage mieten. Machen Sie regelmäßig halt, suchen Sie sich unter schattigen Bäumen ein schönes Plätzchen für ein Picknick – sonst werden die manchmal endlos scheinenden Fahrten zur Tortur und verleiden am Ende allen Beteiligten den Urlaub.

In den Rastlagern der Wildparks haben Kinder freie Bahn. Überall gibt es Schwimmbäder, oft auch Spielplätze. In den parkeigenen Restaurants wird Sie niemand böse anstarren, auch wenn Ihre Kleinen nicht stillsitzen. Und an der Tierwelt, besonders an Jungtiere und die putzigen Erdhörnchen an der Straße, werden sich Kinder noch nach Jahren erinnern. Das gilt erst recht für Gästefarmen, die in Kinderaugen ein einziges großes Abenteuer darstellen. Aber schärfen Sie Ihren Kindern ein, die oft harmlos aus-

Straßenkunst in Tsumeb

sehenden, dennoch unberechenbaren Tiere nie zu unterschätzen! Viele Farmen haben handzahme Tiere, die man streicheln und füttern kann, Strauße mit romantischen Augenwimpern – aber auch da sollte immer ein Erwachsener dabei sein. Achtung: Auf den Farmen leben häufig Skorpione und giftige Spinnen. Die Tatsache, daß die Farmerskinder oft barfuß herumlaufen, sollte niemand zu Leichtsinn verleiten. Achten Sie darauf, daß Ihre Kinder immer Sandalen anhaben!

Gästefarmen bieten oft auch Gelegenheit zum Tennisspielen oder Reiten und manchmal kleine Sandmotorräder mit Ballonreifen, mit denen man relativ unbesorgt herumfahren kann.

Restaurants und Hotels in den Städten sind auf Kinder eingerichtet. Die Hotels haben durchwegs einen Babysitting-Service, so daß Eltern abends auch mal allein ausgehen können. In Restaurants gibt es Kindermenüs. Scheuen Sie sich nicht, nach Kinderstühlen zu fragen oder nach Stiften und Malblocks. Im **Spur Steakrestaurant** in Windhuk sind Kinder beispielsweise immer willkommen und werden mit Ballons belohnt. Einkaufen, etwa Windeln und Schuhe, kann man preiswert und gut in Supermärkten wie Model (Woolworths) und Pick'n Pay sowie in den Bekleidungsgeschäften Edgars und Sentra.

In Windhuk ist der Treffpunkt schlechthin seit neuestem der **Maerua Park** an der Centaurus Street, wo Minigolf, Kinos, Eisdielen, Video-Spiele und ein Freibad auf Kinder warten. In Swakopmund ist das **Strandschwimmbad** mit der großen Rutsche sehr beliebt.

DER BESONDERE TIP

Omaruru Game Lodge Alle Gebäude, strohgedeckt und unter schattigen Bäumen gebaut, umringen eine Wasserstelle, zu der morgens und abends das Wild kommt. Alle Zimmer sind klimatisiert. Für Familien stehen Bungalows mit Küche, Kamin und einem gesonderten Schwimmbad zur Verfügung. Sehr wildreich: Elefanten, Giraffen und fast alle Antilopenarten. **Anfahrt:** B 1 nach Norden bis Okahandja, dann die B 2 Richtung Swakopmund bis Wilhelmstal, dort die C 36 bis Omaruru, durchs Dorf fahren, am Ortsausgang (Schild) links ab, 15 Kilometer bis zur Lodge. 2,5 Stunden. P. O. Box 208, Omaruru, Tel. 0 64/57 00 44, Fax 57 01 34, 20 Zimmer, Obere Preisklasse, Kreditkarten: EC, Visa ■ C 3

Segeln, Surfen und Angeln an Staudämmen und am Meer, Wandern, Golf und Tennis sind beliebte Sportarten. Der besondere Clou: Sandskilaufen.

Badehose und Bikini muß man für dieses warme Land natürlich unbedingt im Gepäck haben. Sie werden sie häufig benutzen, aber fast nur in Schwimmbädern. Wer auf der Landkarte die 1400 Kilometer lange Küste Namibias entdeckt hat und sich auf ausgiebiges Schwimmen in der Brandung freut, wird enttäuscht sein. Das Wasser des Atlantik bleibt – bedingt durch den Einfluß des kühlen Benguela-Meeresstroms – das ganze Jahr über kalt, von Lüderitz bis Swakopmund. Außer einer schnellen Erfrischung, wenn es draußen heiß geworden ist, läuft da wenig – es sei denn, Sie sind abgehärtet genug, um Wassertemperaturen von maximal 19 °C locker auszuhalten.

Auch bei anderen Sportarten setzt die Natur des Landes von vornherein Grenzen. Vom Sportlerparadies Namibia zu sprechen wäre eine Übertreibung. Hier gilt der alte englische Kolonialspruch: »Nur verrückte Hunde und Engländer gehen in der Mittagshitze raus.« Aber das Sandskilaufen in Swakopmund macht Spaß – probieren Sie's!

Geführte Buschwanderungen vermitteln einen Hauch von Abenteuer

Angeln

Viele Angelvereine, Wettbewerbe an Stränden und Stauseen. Meistens braucht man einen Erlaubnisschein von der örtlichen Gemeindeverwaltung.

Golf

18-Loch-Grasplätze findet man nur außerhalb von **Windhuk** (Country Club Resort, Buchungen unter Tel. 0 61/2 05 52 24, je 60 N$ für 18 Löcher) und **Swakopmund** (Rossmund Golf Course, Tel. 0 64/40 56 44, 70 N$ für 18 Löcher). 9-Loch-Sandplätze gibt es in **Tsumeb** (Buchungen unter Tel. 06 71/2 11 15, 20 N$) und bei **Lüderitz** (Tel. 0 63 31/24 14).

Reiten

Auf vielen Gästefarmen stehen Pferde, mit denen man ausreiten kann.

Sandskilaufen

Ein Franzose erfand diesen Sport: Man nehme ein Paar Langlaufskier, die einen starken Schuppenbelag haben. Dann ein paar Turnschuhe, Shorts und ein Hemd anziehen, die nächste Sanddüne besteigen – was mit Skiern erheblich leichter geht als zu Fuß –, und los geht's. Ausrüstungsverleih in Swakopmund (Kochstraße, Tel. 40 26 71, 8–10 und 17–18.30 Uhr, 30N$/Tag).

Squash

Im **Klein Windhuk Squash Klub** (Kuisebstraße, Tel. 0 61/23 13 30, 10 N$/Std.) und im **Health & Racquet Club** im Maerua Park (Centaurusweg, Tel. 0 61/23 43 99).

Tennis

Hotels und Gästefarmen haben eigene Plätze und teilweise auch Schläger und Bälle (besser selbst mitbringen). In **Windhuk** bietet der SKW in der Golfstraße sieben Plätze, davon fünf mit Flutlicht, an (Tel. 0 61/25 17 14, 5 N$/Std.), außerdem der Central Tennis Club in der Reginal-Walker-Straße acht Plätze, drei mit Flutlicht (Tel. 0 61/25 13 15, 5 N$/Std.). In **Swakopmund** befinden sich vier Plätze mit Flutlicht gegenüber vom Café Anton in der Strandstraße (Tel. 0 64/40 24 21, 20 N$).

Wandern

Durch den Fish River Canyon, auf den Brandberg (2573 m) und die Spitzkoppe (1728 m) kann man wandern und klettern. Nähere Auskunft erhält man von guten Reisebüros und Tour-Veranstaltern in Windhuk und Swakopmund.

Wassersport

Auf dem Von-Bach-Damm, dem Hardap-Damm, vor der Küste von Lüderitz, Swakopmund und Walvis Bay kann man windsurfen und segeln. In fast jedem Ort gibt es Verleihe, in **Walvis Bay** z. B. Alan Louw, 6th Street Nr. 2, Tel. 0 64/20 26 20.

Strände

Die Skelettküste ist ein langer und völlig menschenleerer Strand. Aber die Kälte des Wassers und viele Haie halten die meisten Besucher davon ab, mehr als nur die Zehe ins Wasser zu stecken.

Neben Kulturveranstaltungen, Straßenfesten und Konzerten bietet Namibia auch viele Sportveranstaltungen und landwirtschaftliche Ausstellungen.

Deutsche und andere Narren feiern im April in Windhuk, Ende Juli in Tsumeb und im August in Swakopmund feucht-fröhlich und stilecht Karneval. Wenn auch nicht ganz termingerecht: Im Kirchenjahr fällt der Karneval auf den Februar, da ist es aber zu heiß zum Feiern. Damit nicht genug: Mehrere Städte veranstalten Oktoberfeste; Faßbier und Blaskapellen locken Tausende an. Segelregatten und Golfturniere, Fahrradrennen und Fallschirmspringen, Triathlons und Allradwettfahrten – Namibia ist eine sportbegeisterte Nation. Daneben sind auch die politischen Feiertage ein Kultur-Ereignis.

Eine besondere Erwähnung verdient das Segelfliegen: Die Farm Bitterwasser wird zwischen Oktober und Januar zum Mekka der Segelflieger aus aller Welt. Die starke Thermik in dieser Einöde sorgt regelmäßig für Weltrekorde im Höhen- und Langstreckenflug. Profis und Amateure sind gleichermaßen willkommen. Auf der Farm ist alles geboten – von der Übernachtung bis zum Flugzeugverleih.

Namibias Präsident Sam Nujoma während der Unabhängigkeitsfeierlichkeiten

Februar
Walvis Bay – Lüderitz Yacht Regatta
Die Yachten segeln von Walvis Bay bis Lüderitz.
Anfang Februar

März
Independence Day
Unabhängigkeitstag. Politische Reden und kulturelle Veranstaltungen finden in allen Städten, das Hauptereignis in Windhuk statt. An diesem Tag leuchtet das ganze Land in den Farben der Nationalflagge Namibias. Das Blau symbolisiert den Himmel und das Meer, die 12strahlige Sonne steht für die verschiedenen Völkergruppen des Landes, das Rot erinnert an die Opfer des Befreiungskampfes und der daraus erwachsenen Entschlossenheit, das Grün steht für die Fruchtbarkeit, des Landes und die weißen Streifen sollen den Wunsch nach Frieden ausdrücken.
21. März

April
Wika-Karneval
In Windhuk veranstaltet die Wika mehrere Faschingsbälle (mit Büttenreden) und Umzüge. Bei diesem auf deutsche Tradition zurückgehenden Ereignis ist auch Präsident Sam Nujoma regelmäßig Ehrengast.
Mitte bis Ende April

Namibia International Trade Fair
Drei Tage lang stellen Betriebe auf der internationalen Handelsmesse ihre neuesten Produkte vor.
Mitte April

Mai
Rundu Float Carnival
Im nordöstlichen Rundu werden im Kavangofluß bei einem Karneval selbstgebaute Flöße vorgestellt.

Golf Invitation Tournament
In Tsumeb spielen die besten Golfer Namibias gegen Südafrikaner.

Africa Day
Kulturelle Veranstaltungen in Windhuk, die um Afrika und seine Menschen kreisen. Auch Sportwettbewerbe.
25. Mai

Juni
Mbanderu Procession
Die Herero gedenken in Okahandja ihres am 13. Juni 1896 hingerichteten Häuptlings Nguvauva. Ein farbenfrohes Ereignis, das man sich nicht entgehen lassen sollte (→ Der Besondere Tip, S. 46).

Red Meat Festival
Nichts für Vegetarier: Die Rinderfarmer preisen in Otjiwarongo ihre erstklassigen Fleischprodukte an.

Juli
Tsurnka-Karneval
In Tsumeb finden Prinzenball, Kinderkarneval, Büttenabende und Umzüge statt.
Ende Juli

August
Kuska-Karneval
In Swakopmund wird der alljährliche Karnevalreigen Namibias abgeschlossen: Maskenball, Kabarett, Umzüge.
Mitte August

Swakopmund Cultural Festival
Theater, Musik, Kunst- und Handwerksausstellungen.

Heroes Day
Am 26. August gedenken die Herero in Okahandja ihrer Helden und Vorfahren am Grabmal, wo sechs ihrer Häuptlinge ruhen (→ Der Besondere Tip, S. 46).

September

Otjiwarongo Show

Rinderfarmer zeichnen in Otjiwarongo ihre besten Tiere aus.

Grootfontein Agricultural Show

Das größte landwirtschaftliche Ereignis im Norden.

Walvis Bay Speed Week

Eine Woche lang fahren die besten Segler in der Bucht um die Wette.

Windhoek Agricultural and Industrial Show

In der Hauptstadt findet die größte Industrie- und Landwirtschaftsmesse des Landes statt.
Ende September

Oktober

Oktoberfeste

In Windhuk, Walvis Bay, Swakopmund, Grootfontein und Otjiwarongo machen Tausende den ganzen Monat lang (mehr als) ein Faß auf.

Northern Namibia Half Marathon

In Tsumeb wird ein Straßenrennen (halbe Marathonstrecke) für einzelne Läufer und Mannschaften veranstaltet.

Walvis Bay Arts and Crafts Festival

Buntes Kunst- und Handwerkerfestival in Walvis Bay.

Soaring at Bitterwasser

Auf der Farm Bitterwasser, nordöstlich von Hoachanas, beginnt die Segelflugsaison (bis Januar). Die Besten der Welt finden sich oft auf der eigens dafür eingerichteten Farm ein, wo man auch Flugzeuge mieten kann.

November

Enjando Festival

In Windhuk wird für dieses Festival die Paradestraße Independence Avenue gesperrt. Lokale Künstler führen Theaterstücke und Konzerte auf und stellen ihre Werke aus.

Der Besondere Tip

Herero Gedenktage Die farbenprächtigen Umzüge der Herero finden in Okahandja statt. Anläßlich der Mbanderu-Prozession tragen die Frauen grüne (**mbanderu**) viktorianische Kleider. Der Feiertag ist nicht immer genau am **13. Juni**, dem Todestag ihres hingerichteten Häuptlings Nguvauva. Am **26. August** gedenken die Herero ihrer gefallenen Helden im Kampf gegen die deutschen Kolonialherren. Aber das sollte keinen Besucher aus Deutschland veranlassen, den Heldentag zu meiden. Nach dem Motto »viel Feind, viel Ehr« sind die Herero stolz auf ihre Vergangenheit. Die Frauen tragen an diesem Tag rote, knöchellange Kleider und Kopfbedeckungen, die Männer oft alte Uniformen und Medaillen.

Mariental Triathlon
Am Hardap-Damm findet der erste Teil des Sub-Sahara-Wettkampfes statt.

Dezember
Namib Triathlon
In Swakopmund messen sich die Athleten in den drei Disziplinen.

Walvis Bay Community Festival
In Walfischbucht stellen Künstler aus, mit viel Unterhaltung und Vorweihnachtsstimmung am Rande.

Walvis Bay Open Golf Championship
Top-Golfturnier der Westküste in Walfiaxh Bucht.
Mitte Dezember

4x4 Vasbyt Competition at Langstrand
Am langen Strand von Swakopmund demonstrieren Allradfahrer Mitte des Monats ihre High-Tech-Gefährte. (»Vasbyt« heißt soviel wie »Ran!« oder »Los!«)

Off-Shore Yacht Race
Eintägige Segelregatta von Swakopmund nach Walvis Bay.
2. Weihnachtstag

Angling Bonanza
Entlang des Strandes um Swakopmund, von Sandwich bis zur Ugab-Flußmündung, wetteifern Angler darum, den ganz großen Fisch an Land zu ziehen. Oft sind darunter auch meterlange Haie.
Ende Dezember

Herero-Frauen feiern in ihrer traditionellen Tracht den Heldentag

Die etwas andere Hauptstadt: Von der Sauberkeit bis zu den allgegenwärtigen deutschen Spuren fällt Windhuk aus dem »afrikanischen« Rahmen.

Windhuk

■ D 3

Mehr als 150 Jahre sind vergangen, seitdem sich der Namahäuptling Jonker Afrikaner an den Thermalquellen von »Klein Winterhoek« ansiedelte. Windhuk hat seinen lebhaften Dorfcharakter behalten, obwohl es längst zum politischen, wirtschaftlichen und kulturellen Zentrum des Landes wurde. Da sich die Vororte in den umliegenden Hügeln ausbreiten, hat man nie das Gefühl, in einer hektischen Metropole zu sein. Die Verkehrswege sind erstklassig, Parkprobleme unbekannt, das Stadtbild bunt, die Gebäude ansehnlich.

Knapp 1700 Meter über dem Meeresspiegel ist die Luft sauber und klar. Und der Himmel öfter blau, als den Bewohnern lieb ist: Wasserknappheit heißt das größte Problem der Stadtverwaltung. Sie werden es am starken Chlorgehalt im Leitungswasser bemerken und den allgegenwärtigen Aufforderungen, kein Wasser zu vergeuden. Zwischen 10 und 17 Uhr ist die Gartenbewässerung verboten, das Autowaschen sogar ständig. Besucher sollten diese Bemühungen unterstützen – der Tip, sich das Badewasser zu teilen, hört sich ohnedies sehr romantisch an.

Ab Freitagnachmittag ist in Windhuk »tote Hose« – machen Sie dann am besten Ausflüge oder bleiben Sie auf einer Gästefarm (z. B. Auas Game Lodge).

Einträgliche Jobs für Schwarze sind Mangelware

Moderne Architektur in Windhuks Fußgängerzone

Hotels und andere Unterkünfte

Die folgenden Unterkünfte liegen alle im Stadtgebiet. Gästefarmen in der Umgebung von Windhuk finden Sie auf S. 24 ff.

The Cardboard Box
→ Der Besondere Tip, S. 24

Hotel Pension Christoph ■ e 5
Großes Schwimmbad, schöner Garten, reichhaltiges Frühstücksbuffet. Jedes Zimmer hat TV (sogar Satellit), Tresor und Wasserkessel.
Heinitzburg St. 33
Tel. 0 61/24 07 77
10 Zimmer
Mittlere Preisklasse
Kreditkarten: AE, DC, EC, Visa

Hotel Fürstenhof ■ b 3
Deutsches Traditionshotel der gehobenen Mittelklasse, mit sehr guter Küche. Zwei Luxusapartments.
Rambergstr. 4
Tel. 0 61/23 73 80
18 Zimmer
Obere Preisklasse
Kreditkarten: AE, DC, EC, Visa

Hotel-Pension Handke ■ b 3
Für viele Wiederkehrer aus Deutschland seit Jahren eine vertraute und preiswerte Herberge. Gemütlich und ruhig. Anständiges Frühstück.
Rossinistr. 3
Tel. 0 61/23 49 04
10 Zimmer
Untere Preisklasse
Kreditkarten: EC, Visa

Hotel Heinitzburg ■ e 4
TOPTEN 3
Erst 1996 eröffnet, darf dieses kleine Hotel auf Anhieb als die schönste Unterkunft in Windhuk gewertet werden. Sie wohnen in einer historischen Burg – einer von dreien über Windhuk, die eine herrliche Aussicht über die Stadt bieten. Abends speist man vorzüglich auf der Gartenterrasse, mit einem grandiosen Blick auf die erleuchtete Hauptstadt; nachmittags und frühabends sind auch Besucher zu Kaffee und Kuchen oder zu einem sundowner willkommen. Die Zimmer sind rustikal und komfortabel. Der Service ist gut.
Heinitzburg St. 22
Tel. 0 61/24 95 97, Fax 24 95 98
11 Zimmer
Mittlere Preiklasse
Kreditkarten: AE, DC, Master, Visa

Kalahari Sands Hotel ■ c 4
Früher das beste Haus am Platz, heute nicht mehr so gut wie sein Ruf. Das als exklusiv bezeichnete »Dunes«-Restaurant leidet unter starken Qualitätsschwankungen. Schade, denn kein Hotel ist besser gelegen (→ Spaziergang, S. 52).
Independence Ave.
Tel. 0 61/22 23 00
184 Zimmer
Obere Preisklasse
Kreditkarten: AE, DC, EC, Visa

Hotel-Pension Kleines Heim ■ a 3
Exklusive Pension mit geräumigen und stilvollen Zimmern. Friedliche Atmosphäre im Palmengarten, am Schwimmbad.
Volanstr. 10
Tel. 0 61/24 82 00
13 Zimmer
Obere Preisklasse
Kreditkarten: AE, DC, EC, Visa

Hotel-Pension Moni ■ d 5/e 5
Jedes Zimmer mit TV, Mini-Bar, Radio und Wasserkessel. Wurde 1994 als »best hotel garni« ausgezeichnet.
Rieks-van-der-Waltstr. 7
Tel. 0 61/22 83 50
11 Zimmer
Mittlere Preisklasse
Kreditkarten: AE, DC, EC, Visa

Safari Court
In diesem großen, modernen Hotel am Stadtrand stieg der Bundeskanzler 1995 ab. (Nicht verwechseln mit dem älteren und billigeren Hotel Safari nebenan.) Die Zimmer sind hell, relativ klein und mit Telefon, TV und Eisschrank ausgerüstet.
Auasstr. (B 1 Richtung Süden)
Tel. 0 61/24 02 40
252 Zimmer
Obere Preisklasse
Kreditkarten: AE, DC, EC, Visa

Hotel-Pension Uhland ■ d 1
Nahe der Stadt, oberhalb des Tintenpalastes, liegt diese Traditionsherberge. Alle Zimmer mit TV und Mini-Bar. Gutes Frühstück.
Uhlandstr. 147
Tel. 0 61/22 98 59
10 Zimmer
Mittlere Preisklasse
Kreditkarten: AE, DC, EC, Visa

Villa Verdi ■ b 3
Elegante, exklusive Pension in Windhuk-West. Schönes Schwimmbad, mittags und abends gute Küche.
Verdistr. 4
Tel. 0 61/22 19 94
12 Zimmer
Obere Preisklasse
Kreditkarten: AE, DC, EC, Visa

Windhoek Country Club Resort
Das neueste und wohl jetzt auch beste Hotel unter den »Großen«. Elegantes Restaurant, Schwimmbad, Rasenflächen. Aber vor allem: Kasino mit Roulette- und Blackjacktischen sowie »Einarmigen Banditen«. Für Kinder gibt's eine »Spielhölle« mit Videoautomaten.
Western Bypass (B 1 Richtung Süden)
Tel. 0 61/2 05 59 11
152 Zimmer
Luxusklasse
Kreditkarten: AE, DC, EC, Visa

In der Independence Avenue scheinen die Häuser in den Himmel zu wachsen

Spaziergang und Sehenswertes

Einen knapp zweistündigen Spaziergang – Abkürzungen sind möglich – beginnt man am besten vor dem Kalahari Sands Hotel in der **Independence Avenue**. Film in der Kamera? Dann kann es losgehen: Mit dem Hotel im Rücken wenden Sie sich nun nach links. Sie befinden sich bereits zwischen Körben, Schnitzereien, Hereropuppen und bunten Perlenketten, die auf dem Bürgersteig verkauft werden. Zeitungsverkäufer bieten die vier Tageszeitungen feil; montags erfahren Sie die Bundesligaergebnisse aus der »Allgemeinen Zeitung«.

Überqueren Sie die Peter-Müller-Straße. Links ragt das Sanlam-Zentrum in den Himmel, im 6. Stock befindet sich die Deutsche Botschaft. Dann kommen Sie an drei der schönsten Beispiele deutscher Kolonialbaukunst vorbei, dem **Erkrath-Gebäude** (1910), dem 1913 errichteten **Gathemann Haus** (Restaurant mit Balkon) und dem **Hotel Kronprinz** (1902 erbaut, 1920 umgebaut). Von dort sehen Sie auch schon den **Uhrturm** an der nächsten Ecke. Wer das bunte Straßenbild genießen will, ist in »Le Bistro« am Uhrturm gut aufgehoben. In der Fußgängerzone der Poststraße (links ab) findet am ersten und dritten Samstag im Monat ein Flohmarkt statt. In dieser Straße liegt auch das städtische Fremdenverkehrsbüro WIP und der **Meteorit-Brunnen**. 1838 entdeckt, gilt der 600 Mio. Jahre alte Fund von 31 Meteoriten als der größte der Welt.

Wieder zurück am Uhrturm kommen Sie an vielen Läden und Supermärkten vorbei, von denen das Wernhil-Zentrum das größte und wichtigste ist.

Wer nun schnell die ersten Postkarten in der Hauptpost aufgeben will, braucht nur die Independence Avenue zu überqueren. Gleich daneben befindet sich der **Zoopark**, für viele Angestellte der umliegenden Bürogebäude eine Oase der Erholung während der Mittagspause.

Meteorit-Brunnen: Denkmal für den größten bekannten Meteoritenfund der Welt

In der kleinen Passage Levinsonarkade (links rein) befindet sich das »Café Schneider«, eines der ältesten Restaurants in Windhuk.

Gehen Sie immer weiter hinunter in Richtung Bahnhofstraße. Sie kommen am **Kudu-Denkmal** vorbei, einem Wahrzeichen, das der Münchner Professor Behn 1960 schuf und das Sie sich als Orientierungspunkt merken sollten. Jetzt geht es rechts hoch in die Bahnhofstraße, bis man an der **Alten Turnhalle** vorbeikommt. Ursprünglich nur – frisch, fromm, fröhlich, frei – zur Leibesertüchtigung bestimmt, wurde hier im September 1975 Geschichte gemacht: Zunächst tagte in der zu einem Abgeordnetenhaus umgebauten Halle die verfassungsgebende »Turnhalle-Konferenz« (nach der sich dann sogar die größte Oppositionspartei benannte), dann die Nationalversammlung, die aber nie international Anerkennung fand.

Nach der Turnhalle biegen Sie rechts in die lange Robert Mugabe Avenue ein. Bergauf geht es nun am **State House** (rechter Hand) vorbei, dem Amtssitz des Präsidenten: 1892 hatte der Befehlshaber der deutschen Schutztruppen Curt von François das stattliche Haus erbauen lassen. Linker Hand erkennen Sie nun den **Tintenpalast** mit seinen Gartenanlagen und Olivenbäumen: So heißt tatsächlich das Parlament. Der deutsche Volksmund gab dem 1913 errichteten damaligen Verwaltungsgebäude der Kolonialregierung den Spitznamen, weil die Beamten dort mit Feder und Tinte schrieben. (Touristen können das Abgeordnetenhaus jederzeit besuchen und sich von der Besuchergalerie aus eine Weile lang die Debatten anhören. Führungen gibt es leider nicht.)

TOPTEN 1

Die Robert Mugabe Avenue führt Sie geradewegs auf die **Christuskirche** (1907) am Verkehrskarussell zu. Wenn der Quarzsandstein in der Abendsonne leuchtet, dann gibt es kein schöneres Fotomotiv in Windhuk. Wer sich die Kirche von innen ansehen will, erhält die Schlüssel

Reiterdenkmal und Alte Feste aus der deutschen Kolonialzeit

beim Kirchenbüro (Peter-Müller-Str. 12, Tel. 0 61/22 42 54). Ein kleines Stück weiter steht das **Reiterdenkmal**. Wenn es noch eines Beweises der Versöhnungspolitik des unabhängigen Namibia bedürfte, hier ist er: kein Gedanke daran, dieses Monument abzureißen, das gefallene deutsche Soldaten ehrt und an Kaisers Geburtstag 1912 enthüllt wurde. Neben dem Reiterdenkmal, strategisch günstig auf der Anhöhe, sehen Sie die gleißend weiße **Alte Feste**. Ab 1890 erbaut, als Hauptmann Curt von François mit 32 Mann eintraf, ist die Feste Windhuks ältestes Bauwerk und begründete den Status der Hauptstadt. Sie beherbergt die historische Sammlung des Staatsmuseums: Von den ersten Missionaren über die deutsche Kolonialzeit bis zur Gegenwart sind hier viele interessante Stücke ausgestellt. Im Innenhof befinden sich ein Restaurant und eine Bar, die mit alten Reichsflaggen geschmückt ist. Wieder draußen, wandern Sie noch ein Stück weiter bis zum Sam Nujoma Drive. Dort rechts bergab, am **Rathaus** (linker Hand) vorbei, an der Independence Avenue wieder rechts, und Sie kommen wieder zum Kalahari Sands Hotel.

Museum

Staatsmuseum ■ d3
Auch Owela-Museum genannt. Eines der interessanten Ausstellungsstücke ist die Demonstration des Brettspiels Owela, eine Art Frühversion des Backgammon. Außerdem historische Gegenstände, die Hoheitsabzeichen des Landes und eine Bibliothek.
Robert Mugabe Ave.
Tgl. 8–17 Uhr
Tel. 0 61/2 93 43 62

Essen und Trinken

Café Schneider ■ c3
Ältestes Café in der Innenstadt. Deutsche Kost. Wildgerichte. Morgens Frühstück, nachmittags Kaffee und Kuchen.
Levinsonarkade
Tel. 0 61/22 63 04
So geschl.
Mittlere Preisklasse
Kreditkarten: DC, EC, Visa

Restaurant Fürstenhof ■ b3
Französische und deutsche Küche, stilvolle Atmosphäre. Frische Meeresfrüchte. Hierher gehen Windhuker zu besonderen Anlässen.
Rombergstr. 4
Tel. 0 61/23 73 80
Sa, So mittags geschl.
Luxusklasse
Kreditkarten: AE, DC, EC, Visa

Gathemann Restaurant ■ c3
Sie speisen mit Blick auf die Independence Avenue. Gutes deutsches Essen, besonders die Wildgerichte.
Tel. 0 61/22 38 53
Obere Preisklasse
Kreditkarten: DC, EC, Visa

Gourmets Inn
Feines Restaurant, bekannt für exzellente Fisch- und Wildgerichte.
Jan-Jonker-Str. 195
Tel. 0 61/23 23 60
So geschl.
Obere Preisklasse
Kreditkarten: AE, DC, EC, Visa

The Homestead Restaurant
Gute deutsch-namibische Küche. Freundlicher Service und gemütliche Atmosphäre im Freien.
Feldstr. 53
Tel. 0 61/22 19 58
So geschl., Sa nur ab 19 Uhr
Obere Preisklasse
Kreditkarten: DC, EC, Visa

Christuskirche: Die Abendsonne bringt den Quarzsandstein zum Leuchten

Die Poststraße ist das Herz von Windhuks Fußgängerzone

Okambihi Steakhouse
Für Fans von riesigen, saftigen Rindersteaks gibt es keinen besseren Platz in Windhuk. Und deshalb verzeiht man auch die etwas schwierige Anfahrt ins nördliche Industriegebiet.
Albert-Wessels-Str.
Tel. 0 61/26 32 04
So geschl.
Mittlere Preisklasse
Kreditkarten: DC, EC, Visa

Wecke und Voigts ■ c 4
Stehimbiß vom Feinsten: warmer Leberkäse, Sauerkraut, Bratwürste, belegte Brötchen. Hier schmeckt es fast »wie zu Hause«. Unter dem Kalahari Sands Hotel.
Independence Ave.
So geschl.
Untere Preisklasse
Kreditkarten: EC, Visa

Einkaufen

Eine große Auswahl von Geschäften, Boutiquen und Supermärkten findet man in den beiden großen Einkaufszentren:

Gustav-Voigts-Zentrum ■ c 4
OK (Supermarkt), **Ernst Holz** (Safarikleidung), **CNA** (Schreibwaren und Buchhandel), **Wecke und Voigts** (Delikatessen, Brot, Käse, Fleisch – alles absolut erstklassig; gute Adresse, um Reiseproviant einzukaufen), **Hamm** (Pelze), **Gerald Leitner** (Juwelier).
Unter dem Kalahari Sands Hotel
Independence Ave.

Wernhil-Zentrum ■ c 3
Ackermann (Kleidung), **Model/ Woolworth** (Supermarkt), **Stern** (Juwelier), **Bloomsbury** und **Biggis Best** (Inneneinrichtung), **Master Weavers Namibia** (Teppiche, Wandbehänge), **Cardies** (Brillen), **Ark Trading** (Geschenkartikel).
Ecke Poststr./Mandume-Ndmufayo-Str. (die auf manchen Karten noch als Talstr. eingezeichnet ist).

Zu den empfehlenswerten Goldschmieden zählen auch **Herrle & Herma** (Sanlam Zentrum, Independence Ave.), **W. Meyer** (250, Independence Ave.), **Jürgen Canto** (Levinsonarkade).

Rogl Souvenirs (Poststr. 39) ist eine Fundgrube für erstklassige Souvenirs (mit weltweitem Versand), der **Bücherkeller** (Carl-List-Haus, Peter-Müller-Str.) der beste Buchladen in Windhuk.

Am Abend

Club Thriller
Die älteste Disko in Windhuk. Weil sie im Schwarzenviertel Katutura liegt, ging dort früher kaum ein Weißer hin. Heute ist das anders geworden. Nicht ganz leicht zu finden – Sie sollten ein Taxi nehmen.
Katutura
Am besten Fr und Sa
Eintritt 10 N$

Joe's Beerhouse ■ e 6
Rustikale deutsche Kneipe mit deftigem, preiswertem Essen, auch Brotzeiten. Abends öfters Live-Musik, dann mit Eintritt.
Independence Ave. 404 (hinterm Kudu-Denkmal rechts)
Tel. 0 61/23 24 57
Tgl. bis spätabends

Maerua Park Entertainment Complex ■ e 6
In diesem brandneuen Unterhaltungszentrum befinden sich außer Curioläden, Banken, einer Apotheke und Restaurants auch drei Kinos, die Kneipe O'Hagans Irish Pub (Tel. 0 61/23 46 77, tgl. geöffnet) und ein Fitneßklub mit Schwimmbad (Health & Racquet Club, Tel. 0 61/23 43 99), der bis 21 Uhr geöffnet hat.
Bis zum Ende der Robert Mugabe Ave., rechts in den Jan-Jonker-Weg, an der Ecke zum Centaurus-Weg links.

Spielkasinos
Im Windhoek Country Club Resort (→ Hotels, S. 51).

Service

Auskunft

Namibia Tourismus
– Independence Ave. ■ c 3/d 3
Tel. 0 61/2 84 23 71
Mo–Fr 8–13, 14–17 Uhr (Informationen)
– Ecke Meinert-/Moltke-Str. ■ d 2
Gebäude »Kaiserliche Landvermessung«
Tel. 0 61/23 69 75
Nur Mo–Fr 8–15 Uhr (Reservierungen und Buchungen)

Windhuk Information und Publicity (WIP) ■ c 3
Postst.
Tel. 0 61/2 90 20 58
Tgl. 7.30–16.30 Uhr

Pannen

Automobil Association (AA)
Tel. 0 61/22 42 01

Polizei-Notruf
Tel. 1 01 11

Post ■ c 3/d 3
Ecke Independence Ave./Parkstr.
Mo–Fr 8.30–16.30, Sa 8–12 Uhr

Ausflugsziele

Daan Viljoen Game Park ■ C3

→ Der Besondere Tip, S. 18

Groß-Barmen ■ C3

Die Heilkraft der heißen Quellen von Groß-Barmen – ursprünglich eine Missionarsstation – ist über die Grenzen Namibias hinaus bekannt geworden. Der Besucher hat die Auswahl unter einem großen Hallenbad (41 °C), einem Freibad (29 °C) und sechs heißen Privatbädern. Angeschlossen ist ein kleiner Stausee, der bei Vogelfreunden sehr beliebt ist. Die hügelige Umgebung lädt ferner zu Spaziergängen ein. Die Ruinen der Missionarskirche sind fast ganz verschwunden. Groß-Barmen verfügt über Luxusbungalows, Zimmer und einen Campingplatz für Besucher. Reservierungen, besonders am Wochenende, sind zu empfehlen (über das Touristenbüro in Windhuk → Auskunft). Das Restaurant bietet schmackhafte Kost (Mahlzeiten: 7–8.30, 12–13.30, 18–20.30 Uhr). Tennisplätze und ein Kinderspielplatz sind vorhanden.

In der nahe gelegenen Stadt **Okahandja** kann man gut Proviant einkaufen, in der Main Street befinden sich eine deutsche Bäckerei und Metzgerei. Hier finden Mitte Juni und Ende August auch die farbenfrohen Herero-Umzüge zu Ehren der verstorbenen und teils in Okahandja begrabenen Häuptlinge statt. Historisch interessant, aber heute unbedeutend, ist das westlich von Groß-Barmen gelegene **Otjimbingwe**. Als Sitz der Kolonialverwaltung war der Ort 1885 bis 1891 die »erste Hauptstadt« von Deutsch-Südwestafrika.

Hardap-Damm ■ D4

Mit 25 qkm Wasserfläche der größte Stausee Namibias, bietet dieses Erholungsgebiet Wassersportlern alles, was das Herz begehrt: Segeln, Wasserski und Windsurfen. Das schöne Freibad lädt zum Schwimmen ein. Tennisplätze und ein Kinderspielplatz runden das Ferienvergnügen ab. Am Nordufer finden sich die Angler ein, dort wurden verschiedene Süßwasserfische ausgesetzt. Im Feriendorf übernachtet man in angenehmen Bungalows, Camper in Zelten oder Wohnwagen. Ein Restaurant (Mahlzeiten: 7–8.30, 12–13.30, 18–20.30 Uhr) mit herrlichem Blick über den Stausee ist ebenso vorhanden wie ein Laden und eine Tankstelle. Im angeschlossenen **Wildpark** sieht man Oryx, Springböcke, Kudus, Rote Kuhantilopen, Steinböcke, Zebras, Strauße – und mit Glück sogar Spitzmaulnashörner. Wer von den Wanderpfaden Gebrauch macht, sollte vor den Nashörner allerdings großen Respekt haben: die kurzsichtigen, tonnenschweren Kolosse greifen schon mal an.

Sossusvlei und Sesriem ■ C4

Sesriem und die Trockenoase Sossusvlei sind einmalige Sehenswürdigkeiten in Namibia: Nur hier darf man die Dünenlandschaft der Namibwüste erkunden, ansonsten ist der Zugang verboten, um die sensible Umwelt zu schützen.

Beide Ziele liegen am Flußbett des **Tsauchab**, der nach Westen in die Wüste fließt, aber nur selten, nur nach starken Regengüssen, überirdisch Wasser führt. 70 km weiter, in Sossusvlei, versickert dann der letzte Tropfen im Sand:

Sein eigentliches Ziel, den Atlantik, erreicht der Tsauchab nie.

Der Name Sesriem bezieht sich auf die sechs Riemen, die Bauern brauchten, um aus dem Canyon mit Eimern Wasser zu schöpfen. Der Sandweg zum schattigen Parkplatz in Sossusvlei, parallel zum Flußbett, ist eine traumhafte Strecke: Links und rechts türmen sich riesige Türme auf. Man kann bequem mit einem normalen Pkw fahren; erst die letzten fünf km zur Oase schaffen nur Autos mit Allradantrieb. Oder man geht einfach zu Fuß (»Anhalter« werden aber oft mitgenommen). Von den Mietwagen, die angeboten werden, ist abzuraten: teuer und meist in schlechtem Zustand. Das eigentliche **Vlei**, eine kleine Lehmpfanne, ist von Dünen umringt, die bis zu 325 m hoch sind. Mit Glück sieht man hier Gemsböcke vorüberziehen, die sich Wasserlöcher graben.

Eine Stunde vor Sonnenaufgang wird das Tor zum Park geöffnet; wer dann sofort aufbricht, kann die Sonne im Vlei, auf einer Düne sitzend, aufgehen sehen. Bei Sonnenuntergang müßen alle Besucher den Park verlassen. In unmittelbarer Nähe von Sesriem kann man aber bereits die **Elimdüne** besteigen (rechnen Sie für den Aufstieg mit einer knappen Stunde) und auf halbem Weg nach Sossusvlei die vielfach fotografierte **Düne 45**. Im Sommer (Dezember bis Februar) wird es in dieser Gegend tagsüber sehr heiß; im Winter sind die Nächte eiskalt. Die beste Jahreszeit sind deshalb die Monate April und Mai. Und wohl nirgends hat der alte Merksatz mehr Geltung: »Nichts mitnehmen außer Erinnerungen, nichts hinterlassen außer Fußspuren!«

Unterkünfte

Früher konnte man nur im staatlichen Camp in Sesriem unter großen Kameldornakazien zelten oder im eigenen Wohnwagen übernachten. Das geht auch heute noch, wobei man sehr lange im voraus buchen muß. Anspruchsvolle Besucher finden seit 1994 auch in der **Karos Lodge** (→ Gästefarmen, S. 28) Unterkunft. »Teuer aber gut« – diese Beurteilung haben wir öfter gehört. Bei Stürmen dringt der feine Sand aber auch ins Zelt ein; und Leseratten sind gut beraten, starke Taschenlampen mitzunehmen, denn die Lampen in den Zelten sind sehr schwach. Wer in Sesriem nicht unterkommt oder nicht wohnen will, dem stehen im Umkreis von etwa einer Stunde Autofahrt eine Gästefarm, eine Lodge und mehrere Camps zur Verfügung. Dazu zählt vor allem die empfehlenswerte **Ababis Gästefarm** in 75 km Entfernung; aus Windhuk kommend, liegt die Farm kurz hinter dem Dorf Solitäre. Das Ehepaar Würriehausen bietet fünf gemütliche Zimmer an, alle mit eigenem Bad und Veranda (Tel. 0 66 38, nach Solitaire 33 40 fragen). 18 km hinter Solitaire, an der C 14, finden Sie die relativ neue **Namib Naukluft Lodge**, die 26 Betten anbietet (Buchungen über das Reisebüro Extravaganza in Windhuk, Tel. 0 61/26 30 86). Außerdem gibt es das **Wolwedans Dune Camp**, 80 km südlich von Sesriem, das aber eher für Gruppen geeignet ist und auch (teure) Ballonfahrten anbietet (Buchungen über Windhuk, Tel. 0 61/3 67 20); **Hammerstein Rest Camp** und **Namib Rest Camp** liegen an der Straße 36, wenn man von Maltahöhe kommt.

Vom Wind geformt sind die bis zu 300 m hohen Dünen der Sossusvlei. Das wechselnde Spiel von Licht und Schatten läßt die Landschaft in ständig neuen Farben leuchten

Swakopmund muß jeden Erstankömmling verblüffen: Aus dem Wüstensand Afrikas erhebt sich ein Ferienort, der wie ein deutsches Seebad anmutet.

Swakopmund

■ B 3

Mit seiner reizvollen Umgebung darf die Stadt (noch) als ein Geheimtip gelten. Wenn es im Dezember und Januar unerträglich heiß im Landesinneren wird, strömen die Namibier – von Büroangestellten bis zu Farmern – nach Swakopmund. Dort steigen selbst dann die kühlen Morgennebel aus dem Meer und hüllen die Häuser eine Weile lang in einen weißen Schleier ein. Und obwohl längst nicht mehr deutsche Kolonialherren hier das Sagen haben, scheint sich die Atmosphäre von damals bis heute kaum geändert zu haben. Apotheke, Buchhandlung und Friseursalon, deutsche Straßennamen und Restaurants – das »südlichste deutsche Nordseebad«, witzelte einmal die Süddeutsche Zeitung. Nicht einmal jeder fünfte der 20 000 Bewohner spricht noch deutsch. Aber das werden Sie bei Ihrem Aufenthalt kaum bemerken, besonders, wenn sogar der schwarze Ober nachfragt, ob er den Kaffee mit Sahne oder Milch servieren soll.

Kolonialarchitektur der Jahrhundertwende: das Hohenzollern-Haus

Hotels und andere Unterkünfte

Hansa Hotel
Ein gediegenes Haus mit angenehmer Atmosphäre. Individuell eingerichtete Zimmer, die teilweise auf einen Innengarten hinausführen. Guter Service, exzellente Küche.
Roonstr. 3
Tel. 0 64/40 03 11
55 Zimmer
Mittlere Preisklasse
Kreditkarten: AE, DC, EC, Visa

Hotel Europa-Hof
Seit Jahren ein gutgeführtes Hotel. Schöne Zimmer mit TV im Courtyard. Trotz der Nähe zum Strand (3 Min.) leider kein Meeresblick. Restaurant, Bar.
Bismarckstr. 39
Tel. 0 64/40 50 61
35 Zimmer
Mittlere Preisklasse
Kreditkarten: AE, DC, EC, Visa

Hotel Prinzessin-Rupprecht-Heim
Das ehemalige Lazarett aus Kolonialzeiten ist heute ein einfaches und sauberes Familienhotel. Nur 200 m bis zum Strand. Älteres Publikum.
Lazarettstr. 15
Tel. 0 64/40 22 31
20 Zimmer
Mittlere Preisklasse
Kreditkarten: EC, Visa

Pension D'Avignon
Gutes Hotel im Kolonialstil, persönliche Atmosphäre, mit Garten und Schwimmbad, mitten im Zentrum.
Brückenstr. 25
Tel. 0 64/40 58 21
11 Zimmer
Untere Preisklasse

Spaziergang und Sehenswertes

Ein Blick auf den Stadtplan, und man weiß, daß man sich im Grunde nie verlaufen kann: Der Stadtkern besteht aus sieben Straßen West–Ost und neun Straßen Nord–Süd. Am besten beginnt man seinen Spaziergang in der Strandstraße am **Leuchtturm**, der mit seinen 21 m Höhe alle anderen Gebäude überragt. Wenn Sie nach rechts in Richtung Meer schauen, sehen Sie die alte **Mole**. Dort findet man immer ein schattiges Plätzchen zum Sonnenbaden, es ist auch der Anlegeplatz für Boote. Windsurfer sind hier in ihrem Element, ebenso Kinder,

Der Besondere Tip

Station Hotel Swakopmund & Entertainment Centre
Sie wohnen im prachtvollen, anno 1900 erbauten Reichsbahnhof, der völlig renoviert wurde. Genießen Sie das charmante Ambiente wie zu Kaisers Zeiten, den großen Swimmingpool und das gute Restaurant. Spielkasino mit Roulette, Blackjack und Einarmigen Banditen von 10 bis 4 Uhr morgens. Kinder kommen in der Video-Arkade auf ihre Kosten. Bahnhofstr. 3, Tel. 0 64/40 07 77, 90 Zimmer, Obere Preisklasse, Kreditkarten: AE, DC, EC, Visa.

die sich auf dem Spielplatz und der Wasserrutsche tummeln. Rechts daneben ist das große Hallenbad, dessen Schiebedach sich bei sonnigem Wetter öffnen läßt. Vor Ihnen liegt rechts der schöne Palmenstrand, genau gegenüber das **Swakopmunder Museum**, das einen Besuch wert ist. Wenden Sie sich nun nach links. Als erstes kommen Sie an der **Sommerresidenz** des Präsidenten vorbei.

Sie überqueren die Poststraße und gehen dann geradeaus an den Palmen entlang in Richtung Bismarckstraße. Linker Hand liegt das Hotel Schweizer Haus (Tel. 0 64/ 40 03 31-3) mit dem bekannten **Café Anton** (Super-Frühstück von 7–10 Uhr). Etwas weiter liegt links die Pension Rapmund, rechts ein schönes Gebäude, in dem die Naturbehörde ihre Büros hat. Sie überqueren als nächstes die Kaiser-Wilhelm-Straße (in der sich viele Geschäfte befinden) und sehen links dann das **Woermann-Haus**. 1905 als Sitz einer Handelsgesellschaft erbaut, dann ein Schülerheim, zählt es zu den schönsten Gebäuden der Stadt. Hier sind die Stadtbibliothek, eine Kunstgalerie (tgl. 16–18 Uhr) und die **Touristeninformation** untergebracht. Zum Woermann-Haus gehört auch der Damaraturm: Wer einen Rundblick über Swakopmund, das Meer und die Wüste genießen will, kann sich die Schlüssel für den Turm geben lassen. An der nächsten Kreuzung können Sie einen kleinen Abstecher nach links in die Brückenstraße machen. Nur einen Straßenblock weiter, an der Moltkestraße, liegt das prachtvolle **Hohenzollern-Haus** (1906) mit seiner Fassade im Neobarockstil. Wieder auf der Bismarckstraße, kommen Sie am Europa-Hof vorbei. Bevor Sie nach rechts in die Lazarettstraße Richtung Strand gehen, werfen Sie noch einen Blick auf die **Kaserne** schräg gegenüber. Früher die Unterkunft des Eisenbahnregiments, werden dort heute Wappen des Kaiserreiches und eine Gedenkplatte aufbewahrt.

Die alte Pierbrücke »Jetty« von Swakopmund ragt weit in den Atlantik

Entlang der palmengesäumten Strandpromenade verläuft auch der **Botanische Garten**. Ganz unten, schräg gegenüber vom Hotel Garni Adler, liegt das neue **Aquarium** (Di–So 10–16 Uhr), in dem auch Haie zu sehen sind. Gehen Sie nun aber Richtung **Jetty**. Diese Pierbrücke reicht 262 m in den Atlantik hinein. Ihre Vorgängerin aus Holz mußte 1911 abgerissen werden. Ursprünglich sollte der Eisenpier dreimal so lang werden, um weit draußen Schiffen das Anlegen zu ermöglichen; aber nachdem der Hafen nach Walfischbucht verlegt wurde, gab man diesen Plan auf. Heute ist die Jetty, an der auch das **Tug Restaurant** liegt, eine beliebte Bummelzone. Nördlich der Jetty wird die Strandstraße zur Arnold-Schad-Promenade. Jetzt sind Sie schon fast wieder zurück am Leuchtturm.

Weitere Sehenswürdigkeiten sind der **Bahnhof** (Hotel, Spielkasino), die **Litfaßsäule** an der Ecke Post- und Breite Straße mit Originalplakaten von 1905, das **Alte Postamt** (heute die Stadtverwaltung) an der Ecke Post- und Garnisonstraße und die **Villa Wille** mit ihrem verzierten Turm, Ecke Otavi-/Kaiser-Wilhelm-Straße.

Museum

Swakopmunder Museum
Früher Zollamt der Hafenbehörde, seit 1951 Museum. Die Geschichte der Stadt und der Kolonialzeit wird hier dargestellt, Ethnologie, eine sehr interessante Mineraliensammlung, Uranabbau (Rössingsaal), alte Briefmarken und Zeitungen und eine Rekonstruktion der Adler-Apotheke.
Strandstr., östlich der Mole
Tel. 0 64/40 20 46
Tgl. 10–12.30 und 15–17.30 Uhr

Neoromanischer Laubengang im Woermann-Haus

Essen und Trinken

Erich's Restaurant
Meeresfrüchte sind die Spezialität, die Fische werden täglich frisch gefangen und vom Chef-Koch (er ist sowohl Fischer als auch Koch) am Tisch zubereitet.
Poststr. 21
Tel. 0 64/40 51 41
So geschl., sonst nur abends
Obere Preisklasse
Kreditkarten: AE, DC, EC, Visa

Restaurant Europa-Hof
Mit das beste Speiselokal der Stadt. Deutsche Spezialitäten, große Auswahl, frische Steinhummer. Gediegene Atmosphäre.
Bismarckstr. 39
Tel. 0 64/40 50 61
Tgl. geöffnet
Mittlere Preisklasse
Kreditkarten: AE, DC, EC, Visa

Beliebtes Ziel namibischer Sommerfrischler: der Strand von Swakopmund

Frontiers
Ein seltenes Restaurant im südlichen Afrika: Hier gibt es traditionelle afrikanische Gerichte. Dementsprechend sind die Wände mit Felsmalereien verziert. Romantische Atmosphäre bei Kerzenlicht.
Moltkestr. 18
Tel. 0 64/40 41 71
Tgl. geöffnet
Mittlere Preisklasse
Kreditkarten: AE, DC, EC, Visa

The Tug Restaurant
Herrlicher Blick aufs Meer, direkt am Jetty. Natürlich gibt es hier gute Fischgerichte.
Jetty Areas
Tel. 0 64/40 23 56
Mo, Di geschl.
Obere Preisklasse
Kreditkarten: AE, DC, EC, Visa

Einkaufen

Goldschmiede

Individuell angefertigter Schmuck, vorwiegend aus einheimischen Materialien. Neben Gold und Edelsteinen werden oft Aquamarine, Turmaline, Quarze und Topase sowie Elefantenhaar verwendet. Nach Wunsch gefertigte Stücke können meist schnell geliefert werden.

African Art Jewelers
Roonstr. 3, im Hansa Hotel
Tel. 0 64/40 55 66

Immo Böhlke
Kaiser-Wilhelm-Str.
Tel. 0 64/40 57 38

Salomon Goldschmied
Kaiser-Wilhelm-Str.
Tel. 0 64/40 44 11

Halbedelsteine

Gemstown Carving
Verarbeitung des Mineralgesteins Pyrophyllit, das vor Jahrmillionen am Brandberg aus vulkanischer Asche entstand und nur in Namibia vorkommt. Becher, Teller, Untersetzer usw.
Knoblochstr.
Tel. 0 64/46 39 66

Stonetique
Hier kann man sowohl lose Schmucksteine als bunte Souvenirs erwerben, als auch Aschenbecher, Buchenden und kleine Töpfe aus diversen Mineralien, die in der Namib-Wüste vorkommen.
Brückenstr. 27
Tel. 0 64/40 54 03

Der Besondere Tip

Chameleon Im Afro-Design auf Künstlercafé getrimmt, serviert man Ihnen in diesem kleinen Restaurant Vollwert- und Biokost. Live-Musik und Brettspiele sorgen für Unterhaltung. Eher junges Publikum. Breite Str. 2, Tel. 0 64/40 24 49, So geschl. Untere Preisklasse

Viele Häuser erinnern noch heute an die Kolonialzeit

Kunst und Bücher

Galerie Rapmund
Gemälde einheimischer Künstler.
Bismarckstr.
Tel. 0 64/40 20 35

Die Muschel
Gemälde, Bücher, Perserteppiche.
Breite Str. 32
Tel. 0 64/40 28 74

Peter's Antiques
Eine Fundgrube für Sammler von Africana: alte Landkarten, Masken, viele antiquarische Bücher, Postkarten, Waffen, Flaggen, Uniformen.
Moltkestr. 24
Tel. 0 64/4 05 56 00

Reflections
Gemälde, Skulpturen, Schnitzereien.
Moltkestr. 1
Tel. 0 64/40 54 84

Lederwaren

Swakopmund Tannery
In dieser Gerberei werden Schuhe, Taschen, Hüte und Gürtel hergestellt; außerdem kann man Felle kaufen.
Leutweinstr.
Tel. 0 64/49 26 33

Teppiche und Wandbehänge

Karakulia
Knoblochstr., NDC-Centre
Tel. 0 64/46 14 15

Weaver's Nest
Moltkestr.
Tel. 0 64/40 55 66

Wollprodukte aus Angora

Swakop River Angoras
Pullover, Mützen und Schals.
Am Stadtrand, Schildern folgen.
Tel. 0 64/40 55 66

Aus dem gerupften Fell der Angorakaninchen wird Wolle gesponnen

Am Abend

Fagins Bar & Bistro
Treffpunkt der Jugend in Swakopmund, gute Stimmung, laute Musik, manchmal Live-Bands.
Roonstr. 6
Tel. 0 64/40 43 83
So geschl.

Kücki's Pub
Der erste Eindruck: alles ein bißchen abgenutzt – was soll's. Weit gefehlt. Es handelt sich um eines der bekanntesten Kneipen-Restaurants im südlichen Afrika, wo Verrückte und Biedere, Touristen und Einheimische einkehren. Hollywood-Starregisseur Steven Spielberg kam mit Leibwächtern, die Sex-Katze Grace Jones knutschte mit Dolf Lundgren an der Bar. Das Faßbier strömt. Musik vom Band, und wenn einer tanzen will,

TopTen 7

dann werden die Tische beiseite gerückt. Der frische Fisch ist gut, probieren Sie doch mal Hai. Wer einen Tisch will, sollte sicherheitshalber vorbestellen und unbedingt einen Tisch im alten (vorderen) Teil verlangen.
Moltkestr. 22
Tel. 0 64/40 24 07
Mittlere Preisklasse
Kreditkarten: AE, DC, EC, Visa

Spielkasino
Im Hotel Swakopmund & Entertainment Centre (→ Der Besondere Tip, S. 63).

Service

Auskunft

Namib Publicity and Tourist Association
Im Woermann-Haus in der Bismarckstr.
Tel. 0 64/40 22 24
Mo–Fr 8–13 und 14–17, Sa 9–12 und 15–17, So 10–12 und 15–17 Uhr

Touren
Tagestouren rund um Swakopmund (Brummdünen, Pferdegrab, Eisenblöcke, Flora, Martin-Luther-Lok), zur Spitzkoppe, zum Brandberg (Felsmalereien) und zum Kreuzkap (Robbenkolonie) bieten an:

Charly's Desert Tours
Kaiser-Wilhelm-Str. 11
Tel. 0 64/40 43 41

Desert Adventure Safaris
Roonstr. 5
Tel. 0 64/40 40 72

Inshore
Auch Autovermietung (geländegängige Allradfahrzeuge) und Campingausrüstung.
Kaiser-Wilhelm-Str. 55
Tel. 0 64/40 52 23

Sunrise Fishing & Safaris
Auch Wüstentouren und geologische Exkursionen sowie Angeltouren.
Roonstr. 8
Tel. 0 64/40 49 23

Zug-Restaurant und Bar kurz nach Swakopmund in Richtung Walvis Bay

Ausflugsziele

Rund um Swakopmund ■ B 4/C 3

Die Umgebung von Swakopmund bietet mehr Sehenswertes als jede andere Stadt Namibias. Die sogenannten **Brummdünen** machen ein dumpfes, vom statisch aufgeladenen Sand ausgelöstes Geräusch, wenn man auf ihnen hinunterrutscht. Das **Pferdegrab** klingt schaurig, ist aber hochinteressant. An die 200 erkrankte Pferde wurden nach dem Ersten Weltkrieg 5 km weit in die Dünen geführt und erschossen, um eine weitere Verbreitung der Pferdeseuche zu verhindern. Diese Skelette tauchen regelmäßig zwischen den stetig wandernden Dünen wieder auf, teilweise noch komplett mit Haut und Haaren konserviert. Die **Klingenden Eisensteine** machen freiliegend ein glockenähnliches Geräusch, wenn man mit dem Hammer daraufschlägt – Geübte spielen sogar die Tonleitern. Die **Martin-Luther-Lok**, 3 km vor der Stadt, zeugt stumm von dem fehlgeschlagenen Versuch, 1896 mit Dampfkraft, aber ohne Schiene ins Landesinnere zu gelangen. Ein deutscher Offizier ließ eine tonnenschwere Zugmaschine aus Deutschland kommen: halb Traktor, halb Dampflok. Das Ungetüm blieb immer wieder im Sand stecken. Schließlich gab man's auf: So steht sie heute noch da und kann nicht anders, Gott helfe ihr.

Die weltweit einmalige **Welwitschia-Pflanze**, 1859 von dem österreichischen Botaniker Welwitsch entdeckt, findet man in etwa 60 km Entfernung am Nordrand des Namib Naukluft Parks. Sie wird Hunderte von Jahren alt und bezieht ihr Wasser allein vom Nebeltau, der sich in der Wüste manchmal bildet. Ähnlich wie die winzigen **Flechten**, die manchmal jahrelang geduldig auf einen Tropfen Wasser warten und dann sofort aufblühen.

Martin-Luther-Lok: »Hier stehe ich und kann nicht anders...«

In der **Lagune von Walvis Bay** (Walfischbucht) sehen Sie Tausende Flamingos, Pelikane und andere Vogelarten. Man kann, ausgerüstet mit Landkarten und einem Wagen mit Allradantrieb, alle diese Sehenswürdigkeiten selbst erkunden. Unser Tip: Buchen Sie eine Tour, und lassen Sie sich alles genau erklären (Adressen → Service, S. 70).

Felsmalereien: Spitzkoppe und Brandberg ■ B 3/C 3

Die **Große Spitzkoppe**, das »Matterhorn Namibias«, ist zwar nur 1728 m hoch, aber in der Abendsonne leuchtet die rote Granitformation ungleich schöner als ihr Schweizer Pendant. Am weiter südöstlich liegenden glockenförmigen **Pondokberg** liegt das Buschmannparadies. Hier sehen Sie die ersten von vielen Felsmalereien (die zum Teil leider von »Besuchern« so beschädigt wurden, daß man die Originale nur erahnen kann). Die Wanderungen, die Sie dabei auf sich nehmen müssen, lohnen sich allemal, schon wegen der fabelhaften Aussichten.

TOPTEN 6

Zwei Autostunden weiter nördlich kommen Sie zum **Brandberg** (2573 m). Mehr als 40 000 Felsbilder, zumeist Tiermotive, sind hier von Künstlern aus der Steinzeit – vermutlich waren es Medizinmänner in Trance – überliefert worden. Berühmt wurde die **Weiße Dame**, eine helle Figur mit mediterranen Gesichtszügen. Der jüngeren Forschung zufolge handelt es sich aber eher um einen jungen schwarzen Mann, der vermutlich seinen Körper bemalte. Wer die Höhle an der Nordostseite des Berges besuchen will, muß vier Stunden Fußmarsch einkalkulieren. Um den Brandberg von Swakopmund aus an einem Tag hin und zurück zu schaffen (ca. 700 km, davon mehr als die Hälfte Schotterstraße), muß man sehr früh losfahren. Weitere Felsmalereien findet man bei Omaruru und in Twyfelfon-

Flamingos in der Lagune von Walvis Bay

tein bei Khorixas (→ Routen und Touren, S. 101). Selbstfahrer müssen sich in Swakopmund für alle Touren genaue Karten besorgen (→ Auskunft, S. 70).

Cape Cross und Skeleton Coast ■ A 1/B 3

130 km nördlich von Swakopmund (C 34) stößt man am Kreuzkap auf eine große **Pelzrobbenkolonie**. In diesem Schongebiet, für das man eine Genehmigung des Reservats braucht, leben bis zu 100 000 Robben, die man aus nächster Nähe am Strand erlebt. Hier steht auch ein **Steinkreuz**, das der portugiesische Seefahrer Diego Cão, der erste Europäer in Namibia, 1486 errichten ließ. Auf seiner zweiten Afrikareise wurde er begleitet von dem Nürnberger Wissenschaftler Martin Behaim. Das Kreuz ist eine Nachbildung, die Kaiser Wilhelm anfertigen ließ (das Original befindet sich im Deutschen Museum in Berlin). Cão war eine tragische Figur: Im Auftrag von König Johann II. hatte er zweimal – vergeblich – versucht, Afrika zu umrunden und den Seeweg nach Indien zu finden. Man kann die Skelettküste, eines der einsamsten Küstengebiete der Welt, dann noch etwa 70 km weiter bis zur Mündung des Ugab hinauffahren, ehe man zum **Sperrgebiet** gelangt. Die Weiterfahrt ist nur noch mit einer Spezialerlaubnis möglich. Nebel und Dünung haben die zerklüftete Küste, die heute von Anglern geschätzt wird, jahrhundertelang zu einem wahren **Schiffsfriedhof** gemacht; neben Wracks findet man verblichene Knochen von schiffbrüchigen Matrosen. Noch 1976 strandete in der Möwe Bay ein modernes Schiff. Was die Menschen hierherzieht, ist einzig und allein die unberührte Wildnis.

Über 8000 Robben leben im Schutzgebiet von Cape Cross

Namib Naukluft Park ■ B 4/C 5

Dieser zerklüftete Park südöstlich von Swakopmund bildet den Nordrand der Namibwüste. Meistens fährt man, von Windhuk, Swakopmund (C 28) oder Walvis Bay (C 14) kommend, nur mit dem Auto durch. Denn als Übernachtungsmöglichkeit stehen lediglich Campingplätze zur Verfügung (bei Kuiseb Bridge, Homeb, Ganab, Groot Tinkas, am Swakopfluß und an der Blutkuppe). Camper müssen alles mitnehmen, auch Federholz. Der Park ist ganzjährig zwischen Sonnenaufgang und Sonnenuntergang geöffnet. Genehmigungen der Naturschutzbehörde (und gute Ausrüstung) sind erforderlich, wenn Sie von den Hauptschotterstraßen abbiegen wollen. Die öffentliche Route mit den schönsten Aussichten führt von Windhuk aus über den Gamsberg-Paß; die schwierigste, weil es zu starken Steigungen kommt, von Swakopmund aus über den Bosua-Paß. Entlang dieser Strecke, schon kurz nach Swakopmund, sind die Vegetation (z. B. Welwitschia) und die Landschaft am interessantesten.

Auf den ersten Blick erscheint die Steinwüste leblos. Regen ist selten. Aber auch wenn man sie nicht oft sieht, hier leben seit Jahrhunderten Zebras, Klippspringer-Antilopen, Springböcke, Oryx (Gems- oder Spießböcke), Hyänen, Schakale, Löffelhunde, Kapfüchse und Erdwölfe. Zu den Vögeln, die man hauptsächlich am in den meistens trockenen Flußbetten des Kuiseb und des Swakop antrifft, gehören Schwalbenschwänze, Sichelhopfe, Kardinalspechte und Namiblerchen sowie Ohrengeier und Strauße.

Am Karpfenkliff, wo man eine grandiose Aussicht über den Kuiseb Canyon hat, bekommt man den besten Eindruck von der jahrmillionenalten geologischen Geschichte dieser Wüste, die aus Sandsteinablagerungen, Schotter, Konglomerat und schließlich Kalkstein besteht. Erst vor zwei bis vier Millionen Jahren fraß sich der Kuiseb River den Weg durch das Gestein und schuf den Canyon. Durch das Wasser entstand eine dichte Vegetation, die wiederum den Sand aus der Namib aufhielt. Unter dem Sand befinden sich große Wasserreserven. In den schriftlich festgehaltenen Erlebnissen von zwei deutschen Geologen, die sich hier von 1940 bis 1942 aufhielten, um der Internierung während des Zweiten Weltkrieges zu entkommen, werden Natur und Tiere der Namib Nukluft fesselnd beschrieben (→ Lesetip, S. 12, »Wenn es Krieg gibt, gehen wir in die Wüste«). Die Pazifisten Henno Martin, Herrmann Korn und ihr Hund Otto überlebten zweieinhalb Jahre in der Wüste, bevor sie aufgeben mußten, weil Korn schwer erkrankt war. Ihr erstes Heim war am Karpfenkliff am Kuiseb River. Dort befindet sich heute ein Aussichtspunkt an der C 14, unweit vom Kuiseb Bridge Campingplatz. Die Stelle ist zu Fuß leicht zu erreichen, der Abstecher lohnt sich. Wer hier über den Canyon blickt, der kann Martins Worte zu Beginn seines Buches besser verstehen: »Wir waren der Meinung, dies sei nicht unser Krieg. Wir hatten ihn lange vorher herankommen sehen und hatten aus diesem Grunde Europa verlassen. Wir wollten keinen Anteil haben an dem Selbstmord zivilisierter Völker.«

Der Namib Naukluft Park liegt ganz im Norden der Namibwüste

Der nach dem Bremer Adolf Lüderitz benannte »Geburtsort« von Deutsch-Südwestafrika ist ein etwas vergessenes Stiefkind der Geschichte geworden.

Lüderitz

■ C 5

Nachdem Bismarck die Erwerbungen des Tabakkaufmanns Lüderitz 1884 »unter den Schutz des Reiches« stellte, ging von hier die Kolonisierung des Territoriums aus. 1908 begann ein Diamantenboom, der Lüderitz und Kolmanskuppe reich machte. Aber erst durch die Touristen hat das hübsche Lüderitz (knapp 10 000 Einwohner) eine Renaissance erlebt. Die Jugendstilbauten mit ihren Giebeln und roten Dächern prägen das Stadtbild, besonders in der Bergstraße.

Bis heute ist das riesige Gebiet rund um die Stadt Sperrgebiet. Man braucht vorher eine Genehmigung, die man am einfachsten über **Lüderitz Safaris & Tours** (→ Auskunft, S. 79) bucht. Das Verbot gilt aber nicht für den **Dias Point**, wo der portugiesische Seefahrer 1488 ein Kalksteinkreuz errichtete, oder die mit dem Festland verbundene **Haifischinsel** (Camping, direkt am Wasser). Selbstfahrer: auch harmlos aussehende Sandverwehungen langsam überfahren!

Die im viktorianischen Stil erbaute Felsenkirche im Abendlicht

Hotels und andere Unterkünfte

Bayview Hotel
Gehobener Standard, Schwimmbad, TV auf den Zimmern, hell und freundlich, mit ägäischem »Look«.
Bismarckstr.
Tel. 0 63 31/22 88
30 Zimmer
Mittlere Preisklasse
Kreditkarten: AE, EC, Visa

Kapps Hotel
Gediegenes, etwas düsteres Hotel. Gut, aber einfach. Mit Restaurant.
Baiweg
Tel. 0 63 31/23 45
25 Zimmer
Mittlere Preisklasse
Kreditkarten: AE, EC, Visa

Seaview Hotel Zum Sperrgebiet
Das einzige Hotel mit Meeresblick in Lüderitz. Schwimmbad, Sauna. Schön eingerichtet.
Woermannstr.
Tel. 0 63 31/34 11
22 Zimmer
Mittlere Preisklasse
Kreditkarten: AE, DC, EC, Visa

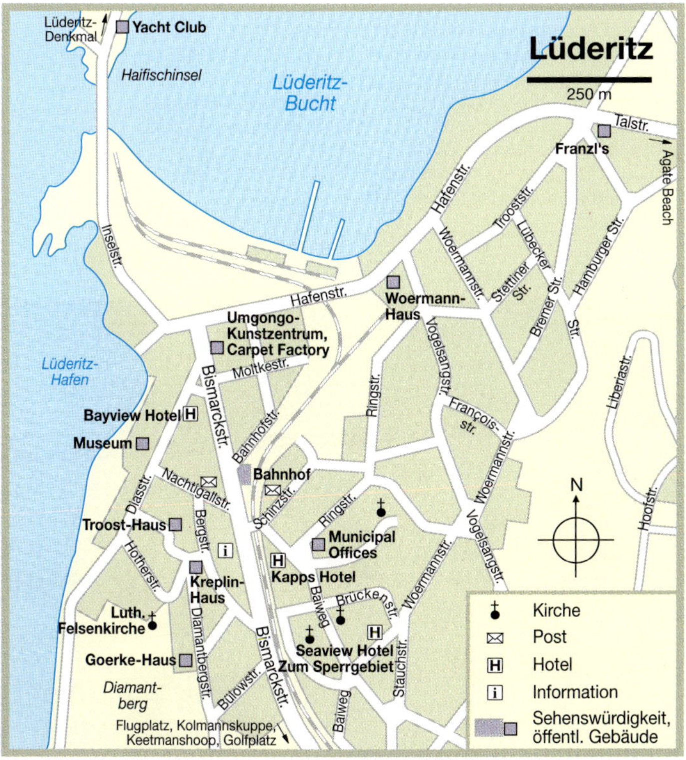

Sehenswertes

Das 1909 erbaute **Goerke-Haus** am Diamantberg ist sehenswert (Mo–Fr 14–15, Sa 12–13 Uhr). In der unübersehbaren lutherischen **Felsenkirche** erleuchtet am späten Nachmittag die Sonne die Glasmalereien in den Fenstern (Mo–Sa ab 18 Uhr). Das **Museum** in der Diasstraße stellt die Geschichte der Stadt mit faszinierenden Relikten und Fotos dar (Mo–Fr 16.30–18 Uhr).

Ebenfalls einen Besuch wert sind die schöne **Agate Beach** (wo der Halbedelstein Achat geschürft wird) und das **Lüderitz-Denkmal** auf der Haifischinsel. Wer sich für Hummerfang und Austernzucht interessiert, kann die Fabriken und Anlagen im Hafen besichtigen. Auch das hiesige Seegras, Agar-Agar genannt, das vom Meer angetrieben wird, wird gebleicht und exportiert. Daraus gewinnt man Extrakte für die Nahrungsmittel- und Kosmetikindustrie.

Essen und Trinken

Feral's Colt
Wie ein Western-Saloon eingerichtet, mit Bildern der berühmten wilden Wüstenpferde an den Wänden. Herzhaftes und preiswertes Essen.
Bismarckstr.
Tel. 0 63 31/30 07
Mo geschl.
Untere Preisklasse
Kreditkarten: EC, Visa

Franzl's
Im ältesten Restaurant der Stadt wird traditionell deutsches Essen gekocht. Schöne Atmosphäre, Kerzenlicht.
Talstr. 1
Tel. 0 63 31/22 92
So geschl.
Mittlere Preisklasse
Kreditkarten: EC, Visa

Hübsche Häuschen, teils im Jugendstil, prägen das Ortsbild von Lüderitz

Restaurant on the Rocks
Frische Meeresfrüchte, besonders der lokal gefangene Steinhummer (**crayfish**), sind hier die Spezialität. Muscheln und Holzschnitzereien an den Wänden.
Baiweg
Tel. 0 63 31/31 10
Mi geschl.
Mittlere Preisklasse
Kreditkarten: EC, Visa

Einkaufen

In der Bismarckstraße finden Sie eine Reihe empfehlenswerter Einkaufsadressen: **Arts & Craft Centre** (Souvenirs, Kunstgegenstände), **Carpet Factory** (Karakul-Teppiche, Wandbehänge), **Lüderitzbuchter Buchhandlung** (Bücher, Curios, Spielzeug).

Am Abend

Männer Turnverein
Bei dieser Kneipe muß man reingeschaut haben. Treffpunkt vieler Diamantentaucher.
Ringstr.
Tel. 0 63 31/24 11
Mo geschl.
Kreditkarten: EC, Visa

Service

Auskunft

Lüderitz Safaris & Tours
Bismarckstr.
Tel. 0 63 31/27 19 (Frau Schelkle)
Mo–Fr 8–12.30, 14–16.30,
Sa 8–12, So 8.30–10 Uhr

Lüderitzstiftung
Bismarckstr.
Tel. 0 63 31/25 32

Polizei
Brückenstr.
Tel. 0 63 31/22 55 oder Notruf 1 01 11

Die Teppichwebereien produzieren hauptsächlich für den Tourismus

Ausflugsziele

Bogenfels ■ C6

Zu diesem riesigen, von der Natur geschaffenen Felsen führt eine Tagestour (7–19 Uhr) per Landrover, die von Naturliebhabern sehr geschätzt wird. Geisterstädte, Wüstenlandschaft. Sie buchen entweder direkt bei **Gino Noli** (Fax 0 63 31/ 25 26) oder über **Lüderitz Safaris & Tours**. In jedem Fall mindestens zwei Tage vor der geplanten Tour buchen. Minimum vier Personen. Im Preis inbegriffen sind zwei Mahlzeiten und Getränke.

Fish River Canyon ■ D6

An Namibias Südgrenze befindet sich der großartige Fish River Canyon. Der Fish River, mit 800 km der längste Fluß des Landes, wusch über Jahrmillionen ein Tal aus und schuf damit dieses Naturwunder – 160 km lang und bis zu 549 m tief. Die Steilwände bestehen aus Sandstein, Schiefer und Lava. Der Besucher hat dramatische Aussichten, besonders während der Dämmerung frühmorgens und abends. In dieser öden Landschaft lebten einst Steinzeitmenschen; sie schufen den Namen »Ai-Ais« – siedend heiß. Aber der Eindruck einer leblosen Mondlandschaft täuscht: Im Canyon wurden mehr als 60 Vogelarten identifiziert, auch Zebras, Paviane, Kudus, Oryx, Springböcke und Klippschliefer werden mit etwas Glück gesichtet. An den tiefen Stellen des Flußes wimmelt es von Barben, Welsen, Karpfen und Barschen. Angeln ist mit einer Genehmigung erlaubt. Köcherbäume, Euphorbien und Buschmanngräser sind im Canyon heimisch.

Tagesbesucher werden zwischen Sonnenaufgang und 22 Uhr eingelassen. Mit dem Auto sind der Campingplatz **Hobas** und mehrere Aussichtspunkte im Norden sowie das weiter südlich gelegene Thermalbad **Ai-Ais** erreichbar. Hobas, ganzjährig geöffnet, bietet keine festen Unterkünfte, sondern nur Waschräume, ein Schwimmbad und einen kleinen Laden – man muß also einen Wohnwagen bzw. Zelt und Schlafsäcke dabei haben. Das Camp ist 10 km vom eigentlichen Canyon entfernt. Das erheblich größere Ai-Ais bietet dagegen einfache Hütten und Luxuswohnungen (mit allen Küchenutensilien), ein Thermalhallenbad, das von heißen Quellen (60 °C) gespeist wird, ein Restaurant, eine Post und eine Tankstelle, ein Freibad und Tennisplätze. Ai-Ais ist nur von Mitte März bis Ende Oktober geöffnet. In jedem Fall müssen Sie Übernachtungen vorher beim Touristenbüro in Windhuk buchen.

Im Canyon wird es sehr heiß. Die normalen **Tagestemperaturen** im Sommer (Dezember bis März) erreichen 36 °C, und mittags klettert das Quecksilber oft auf über 40 °C – das erklärt, warum man Ai-Ais während dieser Jahreszeit für den Besucherverkehr schließt. Selbst in den Wintermonaten (Juni bis August) bleibt es angenehm warm. Regenfälle werden Sie kaum erleben.

Passionierte Rucksackwanderer werden von einer 85 km langen **Wanderung** durch den Canyon noch lange schwärmen. Die viertägige Tour vom nördlichsten Aussichtspunkt bis Ai-Ais ist jedoch nichts für Anfänger und Freizeitgeher. Das streckenweise unwegsame Terrain und die Hitze setzen absolute Fitneß voraus. Man muß seine Ausrüstung und den Proviant selbst tragen. Aber wer das schafft, erlebt ein romantisches Abenteuer: Abends bruzzelt der fangfrische Fisch auf dem Lagerfeuer. Im ersten Übernachtungs-

Bogenfels im Diamantensperrgebiet südlich von Lüderitz

Naturwunder: Der Fish River Canyon ist 160 km lang und bis zu 549 m tief

camp **Palm Springs** erholen sich die müden Muskeln in Teichen, die von heißen Schwefelquellen gespeist werden. Der Wanderpfad überquert öfters den Fluß. Zu den Sehenswürdigkeiten unterwegs gehören der **Tafelberg, Felsfinger** und das **Grab** eines deutschen Soldaten.

Anreise: Ai-Ais liegt 744 km südlich von Windhuk. Mit dem **Auto** nimmt man ab Keetmanshoop die B 1 über Grünau und dann die C 10 (74 km Schotterstraße). Wer direkt zu den nördlichen Aussichtspunkten will, nimmt die B 4 nach Seeheim und von da ab die C 12. Nach 51 km Schotterstraße geht es rechts ab auf die D 601. Von dort sind es noch 44 km zum Hauptaussichtspunkt. Aus Lüderitz kommend sind es 596 km bis Ai-Ais über die Seeheim-Strecke.

Wer wenig Zeit und genug Geld hat, kann in Windhuk und Keetmanshoop ein Flugzeug chartern. In Ai-Ais selbst werden auch Rundflüge über den Canyon angeboten.

Keetmanshoop ■ D 5

Obwohl es sich eher um ein Übernachtungs- als ein Ausflugsziel an der B 4, 500 km südlich von Windhuk, handelt, lohnt sich dennoch ein kurzer Aufenthalt in dieser alten Missionarsstadt. Johann Keetman, der Vorsitzende der Rheinischen Mission, stiftete 2000 Reichsmark für die lutherische **Kirche**, die 1895 in der Kaiserstraße eingeweiht wurde. Aus Dankbarkeit erhielt die Siedlung seinen Namen. Heute ist in dem Kirchengebäude, das ganz aus Natursteinen erbaut wurde, ein sehenswertes **Museum** untergebracht (Mo–Fr 8–12 und 16–18 Uhr). Gleich um die Ecke liegt die **Alte Post**, deren rechteckiger Uhrturm jedem Besucher sofort ins Auge springt. Reisefragen werden in dem hier untergebrachten **Touristenbüro** beantwortet (Tel. 06 31/20 95, Mo–Fr 8–12.30, 14–17, Sa 9–11 Uhr). Übernachtungen in Keetmanshoop: nur im **Canyon Hotel** (Tel. 06 31/2 33 61) und im **Travel Inn** (Tel. 06 31/2 33 44).

Zweimal im Jahr hat die Stadt etwas Besonderes zu bieten: Vom Bahnhof aus finden zu Ostern und im Juli Dampfzug-Sonderfahrten nach Lüderitz (334 km) statt.

Der Besondere Tip

Halifax Island Ein dreistündiger Segeltörn zur Insel Halifax lohnt sich. Dort leben Brillenpinguine, aber unterwegs begleiten Delphine und manchmal auch Wale den herrlichen Schoner Sedina. Von Bord aus sehen Sie die Küste mit ihren großen Sanddünen. Manfred und Gabi Wedell (Tel. 0 63 31/29 19) stechen jeden Morgen um 7 Uhr in See. ■ C 5

Im **Diamond Train** fühlt man sich im Salonwagen in die alte Schürfzeit zurückversetzt. Die Stadt ist ein Zentrum namibischer **Schafzucht**. In der Umgebung werden Karakulschafe gezüchtet, die ursprünglich aus Usbekistan kamen und von dem Händler Paul Thorer über Deutschland nach Namibia eingeführt wurden. Pelzliebhaber schätzen die weichen »Persianer«-Jacken, die hier produziert werden. Dazu muß aber auch gesagt werden, daß die Lämmchen bereits 24 Stunden nach ihrer Geburt getötet werden, damit sich die Haut nicht verhärtet. 25 Felle werden für eine Jacke benötigt. Interessierte erhalten auf der **Gellap-Ost Karakul Farm**, nordwestlich der Stadt, einen guten Einblick in die Verarbeitung.

Ein Ausflug zum gespenstisch anmutenden **Köcherbaumwald** lohnt sich. 14 km nordöstlich der Stadt stehen 300 dieser ungewöhnlichen Bäume mit ihren glatten Stämmen und bizarren Ästen (die von Buschmännern als Köcher benutzt wurden – daher der Name). Im Juni und Juli tragen diese Baumaloen gelbe Blüten. Gleich gegenüber befindet sich der **Spielplatz des Giganten** – ein Labyrinth von aufgetürmten vulkanischen Felsen.

Kolmanskuppe ■ C5

TOPTEN 10

Hunderte Digger aus aller Welt, schwere Jungs und leichte Mädchen, wurden ab 1908 vom Traum des schnellen Reichtums angelockt, nachdem der Bahnmeister August Stauch einen Diamantenfund gemeldet hatte. 1912 stieg die Diamantenförderung auf 812 000 Karat pro Jahr; 1914 deckten die Felder über 20 Prozent der Weltmarktproduktion ab. Sogar europäische Operettenensembles und Theatergruppen gastierten in Kolmanskuppe (10 km südöstlich von Lüderitz). Dort findet man heute noch den Festsaal mit der Bühne und das Kasino mit seiner Kegelbahn; in den Häusern sind die Parterrezimmer von den Sanddünen verschüttet worden. Die weltweite Nachkriegsrezession machte dem glitzernden Spuk ein Ende. Das war's – dachten viele. Die südafrikanische »Konsolidierte Diamanten-Minen« (CDM) von Harry Oppenheimer war schlauer: Für lächerliche 7 Mio. DM erwarb die Firma alle Schürfrechte (die Konzession gilt weiterhin) und fand 300 km weiter südlich bei Oranjemund neue, noch viel ergiebigere Felder. Touren Mo–Sa 9.30 und 11, So 10 Uhr

Museum in Kolmanskuppe

Bizarre Formen: Köcherbaumwald bei Keetmanshoop

Dieses Schutzgebiet gilt als eines der schönsten und »wildsichersten« Tierreservate der Welt. Berühmt ist das beleuchtete Wasserloch in Okaukuejo.

Etosha National Park

■ B 1/C 2

Etosha, »der große weiße Platz«, besteht zu einem Viertel aus einer Salz- bzw. Tonpfanne. Vor den Luftspiegelungen der Pfanne ziehen hier noch große Herden von Steppentieren durch die offene Steppe, vor allem Springböcke, Oryx, Kudus, Elenantilopen, Gnus, Zebras und Giraffen. Dazu kommen die big five: Schon bei einem zweitägigen Besuch in Etosha kann man fast sicher sein, Elefanten, Löwen und Nashörner zu sehen, Leoparden und Büffel seltener. Die beste Reisezeit sind die kühleren Monate August bis Oktober.

TOPTEN 5

Nachts geht die Tiershow am einmalig schönen Wasserloch in **Okaukuejo** erst richtig los. Sie sitzen an einer halbmondförmigen Mauer, vor der ein Zaun gespannt ist. Während sich die Zuschauer an einem kühlen Getränk laben, zieht vor ihnen an der hell beleuchteten Wasserstelle Stunde um Stunde das Panorama der afrikanischen Tierwelt vorbei. Mancher bereitet unterdessen das Abendessen in einem der nahe gelegenen Bungalows vor. Denn man verpaßt nichts, solange man nicht schlafen geht: Immer, wenn »etwas Besonderes« aus dem dunklen Busch tritt, geht sofort ein Raunen durchs Lager: »Da, ein Nashorn!« oder »Löwin, vorne rechts!« Der Wildfan läßt dann alles liegen und stehen, packt die Kamera (am besten mit Stativ) und eilt an die Aussichtsmauer.

Neben Okaukuejo im Südwesten kann man in zwei weiteren Camps übernachten: in **Halali** (Parkmitte) und in **Namutoni**, einem alten deutschen Fort am Ostrand. Dort gibt es neuerdings auch beleuchtete Wasserstellen. Auch weil diese drei Camps oft voll sind, haben sich außerhalb des Parks mehrere erstklassige Gästefarmen und Lodges etabliert. Die Etosha Aoba Lodge, Hobatere Lodge und Mokuti Lodge werden im Kapitel → Gästefarmen (S. 23) näher beschrieben; Ongava Lodge → Der Besondere Tip, S. 89.

Im Park gelten die üblichen Verhaltensregeln: Auto nicht verlassen, Geschwindigkeitsbegrenzung (60 km/h) einhalten, nicht auf gesperrten Wegen fahren. Ein- und Ausfahrt nur nach Sonnenaufgang und vor Sonnenuntergang. Relativ neu eröffnet wurde der Westteil des Parks.

Im Etosha National Park ziehen große Tierherden durch die offene Steppe

Unterkünfte

Allle drei Camps bieten ein Schwimmbad, Restaurant (Mahlzeiten: 7–8.30, 12–13.30, 18–20.30 Uhr), Läden und eine Poststelle sowie einen Campingplatz (Zelte und Wohnwagen). Buchungen im Tourismusbüro in Windhuk (Tel. 0 61/23 69 75) werden dringend empfohlen – am besten so früh wie möglich. Man kann aber auf gut Glück einfach vorfahren. Die Übernachtungsgebühren liegen selbst in den Luxusbungalows in der unteren Preisklasse, sobald mehr als zwei Personen einziehen (man zahlt pro Bungalow, nicht pro Person).

Halali ■ C 2
Zwei Luxusbungalows mit vier Betten, Küche und Dusche, Geschirr und Besteck.
91 Bungalows mit vier Betten, Küche und Dusche.

Namutoni ■ C 2
Vier Luxusbungalows mit vier Betten, Küche und Dusche, Geschirr und Besteck.
74 Bungalows, Wohnungen und Zimmer mit vier Betten, Küche und Dusche, teilweise mit Bad.

Okaukuejo ■ C 2
Zwei Luxusbungalows mit vier Betten, Küche und Dusche, Geschirr und Besteck.
70 Bungalows mit Küche und Dusche. Die beiden besten, Nummer 19 und 20, liegen direkt an der beleuchteten Wasserstelle.

Traumhaft: Vollmond in einem Camp des Etosha National Parks

Ausflugsziele

Kaokoveld und Damaraland ■ A 1/C 3

Im regenarmen Teil Namibias nördlich der Bahnlinie Swakopmund–Usakos erhielten die Damaras in den 50er Jahren ihr »Heimatland«. Höchstens ein Drittel des ursprünglichen Gebietes kann als Weideland benutzt werden, der Rest ist Wüste. Weiter nördlich beginnt das dürre, bergige **Kaokoveld**, die Heimat der Ovahimba. Sie sind bis heute Jäger und Sammler geblieben. Unverwechselbar ist ihr Brauch, sich den gesamten Körper mit rotbraunem (Frauen) und schwarzem (Männer) Fett als Schutz gegen die Sonne, aber auch gegen Kälte einzureiben. Der Ahnenkult ist ihnen heilig. Ein ewiges Feuer hält die Verbindung zwischen Lebenden und Toten aufrecht. Leider werden Touristen zunehmend zu den »fotogenen« Himbas gebracht.

Waterberg Plateau Park ■ D 2

Auf dieser Hochfläche (200 m) befindet sich ein Wildpark, in dem Nashörner, Büffel und mehrere Antilopenarten ausgesetzt wurden. Besucher werden von Wildführern gefahren; auch Wanderungen sind möglich. Das **Camp Bernabe de la Bat** bietet ein Rasthaus, Schwimmbad, Einkaufsladen und Tankstelle an. Wer übernachten will, sollte bei dem staatlichen Tourismusbüro in Windhuk (Tel. 0 61/23 69 75) vorbuchen. Das Restaurant war früher eine deutsche Polizeistation. Auch die Gräber deutscher Soldaten kann man im Camp besichtigen. Sehr schön sind die verschiedenen Wanderwege innerhalb des Parks, man kann sogar das Plateau besteigen.

Anfahrt:
Von der B 1 bei Otjiwarongo auf die C 22, nach 36 km links am Schild auf die (gute) Sandstraße. Buchungen bei der Naturschutzbehörde.

DER BESONDERE TIP

Ongava Lodge Direkt am südlichen Eingangstor des Etosha National Parks liegt eine der besten Lodges Namibias. Die strohgedeckten Chalets, alle mit Bad und Mini-Bar, bieten von Balkonen aus herrliche Ausblicke über das weite Buschland. Im Preis inbegriffen sind alle Wildfahrten (auch nachts) und Wanderungen. **Anfahrt**: Von Windhuk auf der B 1 bis Otjiwarongo, auf der C 38 über Outjo, beim Eingang zum Etosha National Park links ab, 8 km zur Lodge. 4 Std. Seit 1996 fliegt Air Namibia mittwochs und freitags Ongava direkt aus Windhuk an. P. O. Box 186, Outjo, Tel. 06 71/29 60 23, Fax 29 16 13, 10 Chalets, Luxusklasse, Kreditkarten: AE, DC, Master, Visa ■ C 2

Der Waterberg Plateau Park
ist seit 1972 Natur- und Wildreservat.
Traurige Berühmtheit erlangte
der Waterberg 1904 durch die vernichtende Schlacht gegen die Hereros

Willkommen im subtropisch-feuchten Teil Namibias, der den Namen eines deutschen Politikers trägt. Achtung: Hier besteht Malaria-Gefahr!

Caprivizipfel

■ A 6/B 6

TOPTEN 9

Wer sich bei einer Namibiarundreise vom Süden allmählich in den Norden fortbewegt, erlebt im nördlichsten Teil des Landes, im Caprivizipfel, eine Überraschung. Nach den riesigen Wüsten und Steppengebieten erstaunen die üppigen grünen Wiesen und Täler.

Ein schmaler Streifen Land als Spielball kolonialer Mächte

Reichskanzler Graf Georg Leo von Caprivi (1831–1899), der Nachfolger Bismarcks, unterschrieb am 1. Juli 1890 einen Tauschvertrag mit Großbritannien: Das Deutsche Reich erhielt die Insel Helgoland und den 460 Kilometer langen, aber nur rund 30 Kilometer breiten Landstreifen im Nordosten Namibias (und damit eine Landverbindung zu den deutschen »Besitzungen« in Ostafrika sowie den Zugang zum Sambesifluß). Großbritannien bekam dafür die Gewürzinsel Sansibar und einen Teil des heutigen Botswana. Nach dem Ersten Weltkrieg gehörte der Caprivizipfel kurzzeitig wieder den Briten, ehe Südafrika die Verwaltung übernahm und ihn später als Sprungbrett für seinen Krieg im angrenzenden Angola benutzte. Erst 1989 taten deutsche Polizisten hier wieder Dienst – dieses Mal allerdings, um in dieser entlegenen Region (mehr als tausend Kilometer von der Hauptstadt Windhuk) im Auftrag der UNO den sauberen Ablauf der Unabhängigkeitswahlen Namibias zu überwachen.

Auch wegen dieses historischen und militärischen Gezerres hinkt der Caprivi der übrigen Entwicklung des Landes hinterher. Die B 8 wird zwar geteert, aber 1996 mußte man noch immer 300 Kilometer »Waschbrett«-Straße auf sich nehmen. Vorteil: Die Natur ist unberührt geblieben, denn nur die wenigsten Touristen machen sich auf den weiten Weg in den Nordosten. Wer im übrigen Namibia mitunter das »richtige Afrika« vermißt, findet es hier. Die Grenzen zu den Nachbarländern Angola, Sambia und Botswana sind allesamt grün – was dem ziehenden Wild sehr zugute kommt. Im Gegensatz zum übrigen Land ist diese Region sehr wasserreich. Fischfang, Rinderzucht und Anbau von Getreide, Kassava und Mais sind die Grundlage der Wirtschaft im Caprivizipfel.

Die Fischer im Caprivizipfel benutzen noch den traditionellen Einbaum

Ausflugsziele

Caprivi Game Reserve ■ A 6

Von den vier Wildreservaten – Caprivi, Mudumu, Mahango und Mamili – ist der Caprivi für Besucher der am wenigsten interessante. Grund: Es gibt keine Übernachtungsmöglichkeiten (außer Camping), man darf die einzige Nationalstraße (B 8) nur mit Erlaubnis verlassen und brauchte dann einen Allradwagen.

Benutzen Sie also den Caprivi nur zur Durchfahrt nach Mamili und Mudumu. Es handelt sich um die beiden jüngsten, erst 1990 deklarierten Wildschutzgebiete Namibias.

Kaudom Game Reserve ■ E 1/F 2

Entlang Namibias Nordostgrenze zu Botswana finden Sie diesen trockenen, wilden Park, in dessen Savanne und Sanddünen (Kalahari-Wüste) dennoch viel Wild lebt, z. B. die seltene Pferdeantilope und die Leierantilope (Tsessebe). Manchmal ziehen große Elefantenherden auf dem Weg in das Okavango-Delta in Botswana durch den Park. Man hat 320 verschiedene Vogelarten verzeichnet, darunter 50 Raubvögel.

Sie fahren ausschließlich auf Sandwegen, die meist nur mit Allradantrieb zu bewältigen sind. Deshalb werden nur Konvois mit mindestens zwei Geländewagen eingelassen, von denen jeder 120 l Benzin dabei haben muß. Beide (nicht umzäunte!) Übernachtungscamps, **Sikereti** im Süden und **Kaudom** im Norden, bieten jeweils nur drei rustikale Holzhütten mit vier Betten an. Man muß alles selbst mitbringen: Lampen, Bettzeug, Geschirr, Nahrungsmittel, Trinkwasser.
Anfahrt: nach Sikereti über die Kleinstadt Tsumke (B 8, C 44), nach Kaudom über Katere (B 8, 120 km vor Rundu rechts ab, nach 43 km links, dann noch 18 km).

Buntschillernde Bienenfresser vor ihren Nestern

Mamili ■ B 6

Zwischen Mai und August kann es vorkommen, daß ein Großteil des 32 000 ha kleinen Parks unter Wasser steht. Sie brauchen entweder einen Allradwagen, oder Sie lassen sich in **Katima Mulilo**, der einzigen größeren Stadt des Caprivizipfels, von einem Safari-Unternehmen abholen (dort kann man übrigens sehr schöne echte afrikanische Kunst erstehen). Auskunft gibt ein gutes Reisebüro oder die Naturschutzbehörde in Katima Mulilo unter Tel. 06 77 30/27. Dort erhält man auch eine Camping-Erlaubnis, denn feste Unterkünfte und Einkaufsgelegenheiten bietet der Park (noch) nicht. Wer auf dieses Abenteuer dennoch Lust hat, der wird belohnt: In dem Feuchtgebiet am Kwando River leben Nilpferde und Krokodile, Wasserböcke und Sumpfantilopen, Elefanten, Büffel, Giraffen, Warzenschweine. In den **Linyantisümpfen**, einem Labyrinth von Kanälen, leben seltene Vogelarten.

Mudumu ■ B 6

Dieser Park (101 000 ha) bietet mit der **Lianshulu Lodge** (→ Der Besondere Tip, S. 95) die bisher einzig erstklassige (und entsprechend teure) Übernachtungsmöglichkeit in allen drei Wildschutzgebieten. Wem die fast 1200 km lange Anfahrt zu beschwerlich ist, der kann mit Air Namibia dreimal die Woche nach Katima Mulilo fliegen, von dort mit einer Chartermaschine direkt bis zur Lodge. Etwas weiter, bei Nakatwa, gibt es eine staatseigene Hütte, die mit Betten und Geschirr ausgerüstet ist und acht Leute unterbringt. Man muß allerdings eigenes Bettzeug und Nahrungsmittel dabei haben. Die günstigste Zeit für die Tierbeobachtung ist Mai bis September.

Auch der Mudumu ist wasser- und wildreich. An Großwild sieht man Elefanten, Büffel, Pferde- und Rappenantilopen, Kudus, Impala, Oribis, Zebras und mit Glück die seltenen Moorantilopen; im Wasser Ottern, Nilpferde und Krokodile.

DER BESONDERE TIP

Lianshulu Lodge Im wasserreichen Modumu Game Reserve finden Sie am Kwando River eine private Luxuslodge mit Schwimmbad und Curioladen. Auf Safari zu Fuß, mit offenem Wagen oder Boot sehen Sie Flußpferde, Krokodile, Büffel, zahllose Vögel, Zebras und Antilopen. **Anfahrt:** B 1 nach Norden bis Otavi, dann die B 8 nach Rundu, dann in Richtung Katima Mulilo, bei Kongola rechts ab Richtung Modumu Game Reserve. Air Namibia fliegt Mo, Mi, Fr nach Katima Mulilo, von dort wird man abgeholt. Oder ganz fein: Man chartert eine Maschine und fliegt direkt bis zur Lodge. P. O. Box 6850, Windhuk, Reservierung Tel. 0 61/22 51 78 oder 22 61 74, Fax 23 94 55, 10 Zimmer, Luxusklasse (Vollpension inkl.), Kreditkarten: EC, Visa

Mit dem Mietwagen sind Sie am besten dran. Öffentliche Busse und Züge verkehren selten und werden meist von Touristen gemieden.

Informationen über Mietfirmen (Pkws, Geländewagen, Camper) und Verkehrsregeln finden Sie im Kapitel »Namibia mit und ohne Auto« (→ S. 19). Selbstfahrer kommen auf den guten geteerten Nationalstraßen – hauptsächlich die B 1 von Süden bis ganz nach Norden, die B 2 nach Swakopmund, die B 4 nach Lüderitz und die B 8 in den Caprivizipfel im Nordosten – schnell voran. Stadtdurchfahrten halten nicht auf. Staus sind in Namibia unbekannt. Schotterstraßen sind zwar staubig, führen aber oft zu interessanten Sehenswürdigkeiten. Pannen kommen öfter vor. Man kann die Automobil Association (AA) in Windhuk unter Tel. 0 61/22 42 01 anrufen. Von dort wird dann Hilfe organisiert. Die ADAC-Mitgliedschaft wird anerkannt.

Informationen über organisierte Touren bieten die Verkehrsbüros von Swakopmund und Windhuk (Adressen im Ortskapitel). In Gobabis, Lüderitz, Maltahöhe, Outjo und Walvis Bay gibt es Reisebüros mit zahlreichen Tour-Angeboten.

Für die nachstehenden Touren muß man dabeihaben: eine gute **Karte**, **Feuchtigkeits-** und **Sonnencreme** sowie ausreichend **Erfrischungen** in einer Kühlbox.

Alle wichtigen Orte und Ausflugsziele, die unterwegs auftauchen, finden Sie im Kapitel »Sehenswerte Orte und Ausflugsziele« ausführlicher beschrieben.

Verhaltensregeln für Touristen auf der Ameib Ranch

Mit dem Wohnmobil hat man auch in der Wüste ein Dach über dem Kopf

Die Wüstenroute

Diese Tour führt von Windhuk entlang der großartigen Namibwüste nach Lüderitz. Sie fahren mindestens 700 Kilometer auf staubigen, aber guten Schotterstraßen. Wer will, kann auf dem Rückweg via Keetmanshoop noch den Fish River Canyon mitmachen. Von dieser Entscheidung und der Dauer Ihrer Aufenthalte in Sossusvlei und Lüderitz hängt die Länge der Tour ab.

Gute Vorbereitung ist wichtig

Besonders Novizen sollten sich auf tagelange Wüstenfahrten nicht nur von der Ausrüstung her (wir empfehlen, einen zweiten Ersatzreifen im Auto zu haben), sondern auch innerlichen vorbereiten. Was sich vorher wildromantisch anhört – endlose Weiten, das herrliche Farbenspiel der Wüste –, entpuppt sich für manchen nach einigen Stunden als unsäglich langweile Leere. Der Staub, der in jede Ecke des Autos eindringt, wird ebenso zum Ärgernis wie die holprige Straße, die langsameres Fahren erfordert. Durch die Namib Naukluft zu fahren, nur um möglichst schnell in Sossuvlei und am Ende in Lüderitz anzukommen, wäre töricht. Die Fahrt selbst muß Spaß machen – oder man bleibt besser auf den Teerstraßen. Planen Sie deshalb geruhsame Stopps und Picknicks ein; genießen Sie die seltsame Schönheit der Natur und ihre faszinierende Stille. Nehmen Sie sich Zeit.

Von Windhuk nehmen Sie die C 26 zum landschaftlich reizvollen **Khomas-Hochland**. Am Gamsberg-Paß fällt die Randstufe steil zur Wüste hinunter ab: ein schöner Stopp zum Fotografieren. Nach etwa 190 Kilometern kommen Sie an die C 14: Rechts geht es, quer durch den Namib-Naukluft Park, nach Walvis Bay und Swakopmund, links in Richtung Solitaire. Dort, nach knapp 270 Kilometern, sollte man auftanken. (Überhaupt gilt in dieser äußerst dünn besiedelten Gegend: bei jeder Gelegenheit auftanken, wenn die Benzinuhr auf »halbvoll« tendiert).

Übernachten in komfortablen Gästefarmen

Nach Solitaire fahren Sie auf der B 36 weiter nach Sesriem und zur **Sossusvlei Karos Lodge**, Ihrem ersten großen Tourziel (→ Gästefarmen, S. 28).

Nach zwei Tagen Pause geht es morgens wieder auf die B 36. Das nächste Ziel ist das **Schloß Duwisib Guest Farm** und die **Gästefarm Sinclair** (Tel. 0 63 62, Vermittlung nach Sinclair 6503 fragen). Immer in Richtung Maltahöhe, über Neuhof, fahren Sie den Zarispaß hinauf (ca. 110 Kilometer). Oben geht es an der 831 rechts ab. Nach 46 Kilometern führt der Weg Sie halbrechts auf die 826. Nach etwa 20 Kilometern kommt rechts das Schloß Duwisib, das man für ein geringes Eintrittsgeld besichtigen kann. Erbaut 1908 von dem sächsischen

Der Tsauchab River hat sich bis zu 30 m tief in den Sesriem Canyon gegraben

Baron Hans Heinrich von Wolf, der hier (mit dem Geld seiner amerikanischen Millionärsfrau) eine Pferdezucht großen Stils aufziehen wollte, scheint das imposante Natursteingebäude fehl am Platz zu sein. Von Wolf träumte von einem eigenen Reich in der Wüste. Sein Traum endete mit dem Ersten Weltkrieg: Der Sohn eines Generals meldete sich freiwillig zum Dienst und fiel am 4. September 1916 in der Somme-Schlacht. Seine Frau kehrte nie mehr nach Duwisib zurück.

Nach der Schloßbesichtigung fahren Sie auf die 826. Nach 20 Kilometern geht es links ab auf die 407. Nach weiteren 40 Kilometern kommt rechts ein Schild: **Sinclair**. Auf dieser Guest Farm verbringen Sie die Nacht (die einzige Alternative ist die Dabis Guest Farm bei Helmeringhausen, etwa 30 Kilometer weiter). Von hier aus sind es nur noch 260 Kilometer bis Lüderitz, davon knapp die Hälfte auf der geteerten B 4 – Sie können also vormittags eine Farmrundfahrt genießen und brauchen erst nach dem Mittagessen weiterzufahren.

Über **Helmeringhausen** (auftanken!) kommen Sie auf der C 13 nach Aus. Von dort führt die B 4 direkt nach **Lüderitz**. Beim Rückweg haben Sie die Wahl: Entweder Sie fahren über die B 4 bis **Keetmanshoop** und dann über die B 1 zurück nach Windhuk (insgesamt 840 Kilometer Teerstraße, an einem Tag zu schaffen), oder Sie biegen bei Seeheim von der B 4 in Richtung **Fish River Canyon** rechts ab.

Dauer: ca. 5–8 Tage
Länge: 1800 km
Karte: → Klappe vorne

Traum eines sächsischen Barons: Schloß Duwisib

Swakopmund, Felsmalereien und Etosha

Diese Rundfahrt führt Sie zu drei Top Ten-Zielen: durch die Namibwüste nach **Swakopmund**, zu den **Felsmalereien** im Damaraland und zum **Etosha National Park**. Auf der Rückfahrt nach Windhuk schlagen wir vor, daß Sie Ihre letzte Nacht im **Waterberg Plateau Park** verbringen (bei der Naturschutzbehörde vorbuchen!). Sie legen insgesamt rund 1900 Kilometer, davon 700 Kilometer auf Schotterstraßen, zurück.

Von Windhuk aus nehmen Sie die C 26 zum Khomas-Hochland, vorbei am 2347 Meter hohen Gamsberg. An der Straßengabelung (nach ca. 190 Kilometern) biegen Sie rechts in die C 14. Jetzt geht die Fahrt über den **Kuiseb-Paß** und den **Canyon** – der eindrucksvolle Aussichten bietet – schnurstracks in die endlose Namib. Zunächst erleben Sie die Landschaft als Kieswüste; aber je näher Sie an Walvis Bay und Swakopmund kommen, um so höher türmen sich die weltberühmten **Sanddünen** auf. Diese erste Etappe von knapp 400 Kilometern ist bequem an einem halben Tag (und mit vollem Tank) zu schaffen. In Swakopmund gibt es viel zu sehen und zu erleben: Zwei Übernachtungen sollte man also einrechnen.

Ihr zweites Etappenziel führt über den **Brandberg** nach Khorixas. Sie nehmen von Swakopmund aus die C 34 nach Henties Bay und weiter auf der C 35 zur (stillgelegten) Uis Mine (auftanken). 14 Kilometer hinter Uis fährt man links ab zum Brandberg. Wer dort bereits die Felsmalerei-

Im Etosha National Park können Sie Giraffen auf freier Wildbahn beobachten en besichtigen will (drei Stunden Fußmarsch), muß früh aus Swakopmund abfahren, um vor Einbruch der Dunkelheit noch Khorixas zu erreichen.

Erste Alternative: Den Brandberg nur von unten betrachten und dann, wieder auf der C 35, zum **Khorixas Best Camp** (Tel. 06 57 12, Vermittlung nach 196 fragen) fahren. Die Wegbeschreibung ist ab der großen Kreuzung im Ort ausgeschildert.

Zweite Alternative: Khorixas durchfahren Richtung Outjo, nach 50 Kilometern auf der geteerten C 39 rechts ab am Schild **Vingerklip Lodge** (Tel. 0 65 32/33 21). Von dort sind es nur noch 19 Kilometer bis zur Lodge. Unter deutscher Leitung wird diese erst 1995 eröffnete Unterkunft sehr gelobt. Auf einer Felsterrasse liegend, bietet die Lodge einen fabelhaften Panoramablick auf das Ugab-Tal und den 34 Meter hohen Vingerklip-Felsen. Das Tal erinnert an das Monument Valley im Westen der USA. Die 20 Zimmer in den Doppel-Bungalows (Obere Preisklasse) sind luxuriös eingerichtet; abends sitzt man in der Boma und ißt schmackhaftes Wildbret, nachmittags erholt man sich am Pool.

Steinzeitliche Felsbilder

Wie auch immer Sie sich entscheiden: Vom Khorixas Rest Camp oder Vingerklip Lodge aus können Sie bequem am nächsten Tag die jahrtausendealten Felsgravierungen in **Twyfelfontein** bewundern. Am häufigsten werden Giraffen, Strauße, Zebras, Nashörner und Elefanten abgebildet; berühmt ist ferner der Tanzende Kudu und die Löwengruppe. Weitere Sehenswürdigkeiten in unmittelbarer Nähe sind der **Versteinerte Wald** (200 Millionen Jahre alte, entwurzelte Bäume), die **Orgelpfeifen** (Doleritsäulen) und der **Verbrannte Berg** (schwarzes Kalkgestein).

Von Khorixas aus führt die C 39 (Teerstraße) nach Outjo und die C 38 zum Etosha National Park. Dort sollte man (rechtzeitig vorbuchen!) in **Okaukuejo** übernachten; aber auch in **Halali** und **Namutoni** werden neuerdings beleuchtete Wasserstellen angeboten. Zwei Tage muß man für Etosha einplanen, weniger wäre fast schon Sünde.

Der Weg zurück nach Windhuk – ab jetzt alles Teerstraße – führt wieder über Okaukuejo auf die C 38 nach Outjo und Otjiwarongo. Von hier fährt man auf der B 1 nach Süden. 22 Kilometer hinter Otjiwarongo geht links die C 22 zum **Waterberg Plateau Park** ab. Zurück nach Windhuk sind es 280 Kilometer.

Dauer: 7–8 Tage
Länge: 1900 km
Karte: → Klappe vorne

Der Brandberg ist das Zentrum der jahrtausendealten Felszeichnungen

Die Capriviroute

Ein Blick auf die Straßenkarte, und selbst routinierte Langstreckenfahrer atmen erst einmal tief durch: Über 2000 Kilometer hin und zurück sind es von Windhuk aus bis zum äußersten Ende des Caprivizipfels. Sicherlich ein »Schlauch« – aber lohnenswert für jeden, der gerade die Einsamkeit langer Fahrten als Erholung vom stressigen Gedränge daheim empfindet. Also: Füllen Sie die Proviantkiste auf, packen Sie Ihre schönsten Musikkassetten ein (denn Radioempfang kann man stundenweise vergessen) und los geht's in den Nordosten Namibias, wo das echte, unberührte Afrika wartet. Deshalb nicht vergessen: Malaria-Prophylaxe einnehmen!

Wer nicht sehr früh aus Windhuk abfährt, sollte auf der Hinfahrt nach knapp 500 Kilometern in der Kleinstadt **Grootfontein** übernachten. Es gibt zwei Hotels, von denen das Meteor das bessere ist, und ein staatliches Camp mit Bungalows. Das Informationsbüro (»Tourist«) befindet sich zwischen der Okavango Road und der Kaiser-Wilhelm-Straße. Die Hauptattraktion bei Grootfontein (24 Kilometer westlich der Stadt) ist der **Hoba-Meteorit**, mit etwa 60 Tonnen Gewicht der schwerste Eisenmeteorit, der bisher auf der Welt gefunden wurde. Wer genug Zeit hat, kann auch dem **Museum** in der Alten Feste, links auf der B 8 nordwärts, einen Besuch abstatten. Es bietet eine alte Schmiede für Wagenräder, eine Fotosammlung, Gesteine, Edelsteine (Dienstag–Freitag 16–18, Mittwoch 9–11 Uhr).

Der Hoba-Meteorit schlug vor 80 000 Jahren in die Erde ein

Einfache Übernachtungsmöglichkeiten in Rundu

Hinter Grootfontein kommen Sie 250 Kilometer lang durch fast unbewohntes Gebiet bis Rundu. Auf den letzten 40 Kilometern verkaufen Einheimische an der Straße schöne Holzschnitzereien im typischen Kavangostil. Wer nicht von staubigen, trostlosen Nestern begeistert ist, der wird in Rundu auftanken und dann weiterfahren. Immerhin, akzeptable Übernachtungsmöglichkeiten findet man, jeweils mit Blick auf den Okavangofluß, in der Kavango Guest Lodge, in der Kaisosi Safari Lodge und in der Sarasungu Lodge, deren riedgedeckte Hütten wir noch am ehesten empfehlen können. Liebhaber guter Küche können getrost alle Hoffnungen fahren lassen: Am besten, man kocht selbst.

Parallel zum Okavango, dem Grenzfluß nach Angola, führt die ausgezeichnete Teerstraße weiter nach Osten, zum 220 Kilometer entfernt gelegenen Mahango Game Reserve und den Popa-Fällen. Achtung: Zehn Kilometer von Bagani kommt die Tankstelle in Mukwe – unbedingt dort volltanken, denn es sind die einzigen Zapfsäulen weit und breit. Sie biegen kurz vor der **Bagani-Brücke** rechts von der B 8 auf die Schotterstraße ab und folgen den Schildern, die auch die Richtung in das südliche Nachbarland Botswana anzeigen. Das staatliche Camp kommt nach 3,5 Kilometern und liegt direkt an den **Popa-Fällen**. Bitte: keine Mini-Viktoriafälle erwarten. Der Ikavango fließt hier sanft drei Meter tief über felsige Stromschnellen. Das Camp bietet sechs gute Vierbett-Bungalows (Gaslicht), einen kleinen

Mehr Stromschnellen als Wasserfall: die Popa-Fälle

Laden, aber kein Restaurant. Gemütlicher ist, ein paar Kilometer weiter flußabwärts, die private **Suclabo Lodge**, die neben Bungalows auch ein mittelmäßiges Restaurant, eine beliebte Bar und ein Schwimmbad anbietet. Wir empfehlen Suclabo, weil Besucher dort auch Flußfahrten im eigenen Motorboot unternehmen können. Noch 16 Kilometer weiter kommt schließlich die beste Unterkunft in dieser Gegend, die **Ndhovu Safari Lodge**. Dort schläft man sehr schön in Zelten, direkt am Wasser – allerdings ohne elektrischen Strom.

Wilde Tiere im Mahango Wildreservat

Wo immer Sie übernachten – das **Mahango Wildreservat** entschädigt für alle Unzulänglichkeiten bei der Unterkunft. 800 Meter südlich des Parkeingangs beginnen zwei Wildwege. Mit einem normalen Pkw sollte man nur die linke, gut befahrbare Strecke nehmen, die schon nach kurzer Zeit eine Aussicht über das Flußtal bietet. Mit großer Wahrscheinlichkeit sehen Sie Elefanten, Flußpferde und Büffel, mit etwas Glück auch Löwen. Vorsicht ist geboten: Die Tiere sind wilder als ihre Artgenossen in der Etosha-Pfanne. In der Nähe von Elefanten sollte man den Rückwärtsgang bereits eingelegt haben; schon öfter hat ein großer Bulle die fotografierenden Besucher als lästig empfunden – und dann muß man sich zügig aus dem Staub machen! Das hängt damit zusammen, daß die Grenzen zu den Nachbarländern Angola, Sambia und Botswana allesamt grün sind, das Wild kann also unbeschränkt ziehen und trifft seltener auf Menschen.

Wieder auf der B 8 in östlicher Richtung, beginnt der Caprivi-Zipfel. Auf den nächsten 200 Kilometern fahren Sie auf dem **Golden Highway**. Es handelt sich aber um eine staubige, wellige Schotterstraße mit teilweise gemeinen Schlaglöchern. Unbedingt vorsichtig fahren – auf dieser Strecke passieren Jahr für Jahr schwere Unfälle. Die Teerstraße macht gottlob zusehends Fortschritte, sie wird mit Bonner Hilfe gebaut. Es gibt kaum Sehenswertes. Ohnehin dürfte man die B 8 nur mit Erlaubnis verlassen. Man sollte wegen des Staubes auf Tiere achten, die die Straße überqueren. Im Falle einer Panne gibt es nur die beiden Townships Omega (70 Kilometer hinter Bagani) und Babatwa (93 Kilometer).

Bei Kongola und der Brücke über den Kwandofluß beginnt wieder die Teerstraße. Sieben Kilometer danach geht es rechts ab (D 3511) zum **Mudumu Wildreservat** und der **Lianshulu Lodge**, der einzigen erstklassigen Übernachtungsmöglichkeit im Caprivi (→ Der besondere Tip, S. 95). Von der B 8 sind es 40 Kilometer bis zur Lodge. Kurz davor kommen Sie durch das Künstlerdorf Lizauli, das sich zunehmend einen Ruf für traditionelle Kunst erwirbt. Etwas weiter, bei Nakatwa, gibt es eine staatseigene

Für die Caprivitour ist ein geländegängiges Fahrzeug vorteilhaft

Hütte, die mit Betten und Geschirr ausgerüstet ist und acht Leute unterbringt. Man muß allerdings eigenes Bettzeug und Nahrungsmittel dabeihaben. Die günstigste Zeit für die Tierbeobachtung im Mudumu-Reservat ist Mai bis September. Der noch weiter südlich gelegene **Mamili-Naturpark** bietet keine Unterkünfte, nur Camper (mit Erlaubnis) können hier übernachten. Man braucht einen guten Allradwagen, um den wasser- und wildreichen Park zu erforschen.

Wer den Caprivi nun noch bis zu seinem Ende durchfahren will, kommt, wieder auf der B 8 in Kongola, nach 110 Kilometern nach **Katima Mulilo**. Jenseits des mächtigen Zambesiflusses liegt bereits Sambia, nicht viel weiter Simbabwe. Wegen der Nähe dieser Länder kann man in Katima Mulilo viel afrikanische Kunst erstehen. Unterkünfte bieten die Zambesi Lodge (bestes Haus am Platz, zu dem auch das Flußboot »Zambezi Queen« gehört, auf dem man ebenfalls wohnen kann) und die Hippo Lodge (strohgedeckte, einfache Bungalows).

Rückweg: Genauso, wie man gekommen ist, auf der B 8. Eine Alternative gibt es nicht. Wer aus Katima Mulilo kommt, muß in Rundu übernachten. Dann empfehlen wir, daß Sie über Grootfontein, Otavi und Otjiwarongo bis zum **Waterberg Plateau Park** durchfahren, das läßt sich gut an einem Tag schaffen (ca. 600 Kilometer). Am Waterberg (→ S. 89) können Sie sich schön und preiswert ein, zwei Tage lang erholen, bevor Sie wieder nach Windhuk zurückkehren.

Karte: → Klappe vorne

Abendstimmung am Sambesi

Namibia von oben

Fliegen ist die einzige Art, viele Sehenswürdigkeiten dieses riesigen Landes in wenigen Tagen zu erleben.

Einige Reiseziele in Namibia lassen sich praktisch nur per Kleinflugzeug erreichen. Entweder es existiert, wie im Falle der »verbotenen« Diamantenküste zwischen Lüderitz und Walvis Bay, überhaupt kein Landweg, oder man braucht mindestens zwei Allradfahrzeuge und acht bis zwölf Tage Zeit für eine Überlandfahrt. Besonders beliebt sind daher die Flugtouren ins Kaokoland zu den Ovahimba am Kunenefluß im äußersten Norden sowie entlang der Skelettküste. Diese Touren können, je nach Wunsch der Gäste, ein bis vier Tage dauern. Das Kaokoland und die Skelettküste gehören zu den isoliertesten Gebieten Namibias. Wer hier in den trokkenen Flußbetten Wüstenelefanten, Spitzmaulnashörner, Löwen und Giraffen antrifft, nimmt wirklich einmalige Erinnerungen mit nach Hause. Flieger schonen übrigens auch die sensible Umwelt: Reifenspuren halten sich jahrelang in der Wüste.

Fluggesellschaften in Windhuk und Swakopmund bieten Rundflüge an. Die Kosten hängen von der Reiselänge, der Personenanzahl (günstig ist eine Gruppe von vier Personen) und der Jahreszeit ab (Winter billiger als Sommer): Als Faustregel sollte man 300 bis 350 DM pro Flugtag anlegen. Zu den zuverlässigen Gesellschaften zählen: Atlantic Aviation (Tel. 0 64/40 47 49), Cedaro Aviation (Tel. 0 61/23 56 62), Namibia Commercial Aviation (Tel. 0 61/22 35 62) und Pleasure

Salzgewinnung in der Walvis Bay

Flights & Safaris (Tel. 0 64/40 45 00). Die **Westair Wings Charters** in Windhuk (Tel. 0 61/22 10 91) hat für uns eine einwöchige Reise in einer Cessna entworfen: Windhuk–Sossusvlei–Swakopmund–Damaraland–Etosha–Caprivi–Windhuk. Die Kosten, inklusive Halbpension in allen Unterkünften und Ausflüge in Allradgefährten, betrugen 1996 etwa 2600 DM pro Person.

1. Tag: Um 6 Uhr morgens fliegen Sie vom Windhuker Eros-Flugplatz nach **Sossusvlei**. Der Tiefflug bietet herrliche Aussichten über das Land. An der Landebahn wartet ein Wagen und führt Sie zu einer Tour durch den Sesriem-Canyon und zur Oase zwischen den riesigen **Sanddünen**. Gegen Mittag werden Sie zum Woldwedans Dune Camp am Wüstenrand geflogen. In dieser alten Farm wird zunächst ein Mittagessen serviert; am Nachmittag folgt eine weitere Ausfahrt. Übernachtung in Luxuszelten.

2. Tag: Nach dem Frühstück fliegen Sie nach **Swakopmund**. Entlang der Atlantikküste sehen Sie Schiffswracks und die vielfältige Vogelwelt (Flamingos, Pelikane). Man bringt Sie ins Hotel; nach dem Mittagessen folgt eine dreistündige Stadttour durch Swakopmund und die benachtbarte Walvis Bay.

3. Tag: Faszinierende Tagestour rund um Swakopmund durch die umliegende **Namibwüste**, inklusive Sichtung der Welwitschia-Pflanzen und der »Mondlandschaft«.

4. Tag: Halbtagestour zum **Kreuzkap** und der **Robbenkolonie**. In Henties Bay wartet das Flugzeug und bringt Sie zur Palmwag Lodge im **Damaraland**. Dort können Sie sich in Luxus-Bungalows und am Schwimmbad erholen.

5. Tag: Auf eine dreistündige Wildfahrt folgt das Mittagessen in Palmwag. Dann fliegen Sie weiter zur Etosha Aoba Lodge (→ Gästefarmen, S. 25), am Rand der **Etosha-Pfanne** gelegen. Den späten Nachmittag verbringen Sie in dieser schönen Lodge mitten im Busch.

6. Tag: Nach dem Frühstück brechen Sie um 7.30 Uhr zu einer fünfstündigen Fahrt in den **Etosha National Park** (→ S. 86) auf. Mittagessen wird in der berühmten Mokuti Lodge am Etosha-Osteingang serviert. Anschließend fliegen Sie zu dem letzten Ziel Ihrer Rundreise, der **Ndhovu Safari Lodge** am Ufer des Okavango im äußersten Norden Namibias, nahe den Popa-Fällen. Sie schlafen in Luxuszelten.

7. Tag: Wildfahrt durch den **Mahango Game Reserve** und zu den Popa-Fällen, außerdem Flußfahrt auf dem Okavango, wo Sie auch Flußpferde, Büffel und Fischadler zu sehen bekommen. Übernachtung wieder in der Lodge.

8. Tag: Rückflug nach Windhuk.

Gegensätze treffen aufeinander: Atlantik und Namibwüste

Apartheid

Mit dem Mandat des Völkerbundes vom Dezember 1920 erhielt Südafrika das Recht, die ehemalige deutsche Kolonie Südwestafrika als Teil seines eigenen Staatsgebiets zu verwalten. Der Beschluß – den die UNO erst ein halbes Jahrhundert später wieder rückgängig machte – trieb die schwarze Mehrheit in den Strudel der Apartheid. Weiß-Südafrika förderte die infrastrukturelle und wirtschaftliche Entwicklung fast ausschließlich zum Nutzen südafrikanischer Siedler, denen riesige Gebiete zugesprochen wurden: Schon 1926 betrug die durchschnittliche Größe einer weißen Farm 150 qkm! Die schwarze Bevölkerung wurde hingegen in Reservate und Gettos zurückgedrängt. Schwarze Hausangestellte durften körperlich gezüchtigt werden, sie wurden mit nächtlichen Ausgangssperren belegt und verhaftet, wenn sie sich irgendwo im Land »illegal« aufhielten.

Ab 1964 wurde das Territorium formell in ein weißes Landgebiet und schwarze, ethnisch ausgerichtete »Heimatländer« aufgeteilt: 75 000 Weiße erhielten 46,7 % des Landes, knapp eine Million Schwarze 39,7 %. Wie in Südafrika sah die Apartheid vor, daß die schwarzen Stammesgebiete einmal »unabhängig« werden sollten. Aufstände gegen diesen Plan wurden blutig niedergeschlagen. Freiheitskämpfer wie der heutige Präsident Sam Nujoma wurden ins Exil getrieben; dort nahmen sie ab 1966 den bewaffneten Widerstand auf.

1977 hob Südafrika auf Druck der UNO einige Rassengesetze wieder auf – aber auch, weil die weißen Machthaber in Namibia eine Art Testlabor für Apartheidsreformen sahen, die später auch in Südafrika durchgeführt werden sollten. Erst mit dem Inkrafttreten der UNO-Resolution 435 am 1. April 1989 und den Wahlen am 1. November wurde die Verabschiedung einer freiheitlichen Verfassung ermöglicht, die alle diskriminierenden Maßnahmen und Gesetze der Vergangenheit aufhob.

Auskunft

Namibia Tourismus

In Deutschland
Im Atzelnest 3
61325 Bad Homburg
oder
Postfach 2041
61290 Bad Homburg
Tel. 0 61 72/40 66 50, Fax 40 66 90

In Südafrika
– Carlton Shopping Center
Shop 258, Level 200
P. O. Box 11405
Johannesburg 2000
Tel. 00 27 11/3 31 70 55-6,
Fax 3 31 20 37

– Standard Bank Center
Herzog Boulevard
Ground Floor, Main Tower
Kapstadt 8000
Tel. 00 27 21/4 19 31 90-1,
Fax 21 58 40

In Namibia
Continental Building
272 Independence Ave.
Private Bag 13346
Windhuk
Tel. 0 02 64 61/2 84 21 11
Fax 22 19 30

Bevölkerung

1996 lebten schätzungsweise 1,65 Mio. Menschen in Namibia; die Bevölkerung nimmt jährlich um 3 % zu. Die Bantugruppen stellen mehr als 80 %, wobei die **Ovambo**, überwiegend im Norden ansässig, gut die Hälfte der Bevölkerung ausmachen. Danach folgen die **Kavango** im Nordosten mit etwa 9 % Anteil, die **Herero** im Osten, die **Damara** im Westen (jeweils 8 %), die **Nama** im Süden (5 %) und die **Caprivianer** im Caprivizipfel (4 %).

Etwa 80 000 Weiße und 55 000 Mischlinge leben in Namibia. Die kleine Gruppe der **Rehoboth Basters** wanderte aus der ehemaligen Kapkolonie (Südafrika) im 19. Jh. ein. Der Urbevölkerung, den **Buschleuten**, droht heute das Aussterben, nachdem sie unter der südafrikanischen Besatzung für die Zwecke der Armee mißbraucht und dadurch »verwestlicht« wurden. Heute sollen nur noch 30 000 Buschleute in der Kalahari-Wüste leben.

Neben den Naturreligionen ist das Christentum verbreitet. Aufgrund der frühen Missionierung bilden Protestanten, vorwiegend Lutheraner, mit 80 % der Bevölkerung die größte Gruppe; etwa jeder fünfte Namibier ist Katholik.

Camping

Camping ist beliebt. Plätze, in denen man sowohl in Zelten als auch mit Wohnwagen übernachten kann, müssen im voraus bei der zentralen Tourismus-Behörde in Windhuk (Kaiserliche Landvermessung, Ecke Meinert-/Moltke St., Tel. 0 61/ 23 69 75, Sa u. So geschl.) gebucht werden. Die **Camping** und **Caravan Parks** gibt es beispielsweise in Grootfontein, Keetmanshoop, Omaruru, Otavi, Otjiwarongo, Outjo, Swakopmund, Tsumeb und Walvis Bay und in allen Natur- und Wildparks mit Ausnahme der Terrace Bay an der Skelettküste, wo nur Bungalows zur Verfügung stehen. Sie haben immer Wasser-, aber nicht immer Stromanschluß; oft gibt es auch Tankstellen und Läden. Kosten: 4–16 DM pro Platz. Farmer sehen es in der Regel nicht gern, wenn man auf ihrem Land campt. Feuerstellen sollten von Steinen umringt werden – Brandgefahr!

In Tsumeb wird der Verkehr noch von Hand geregelt

Diplomatische Vertretungen

Botschaft der Bundesrepublik Deutschland ■ c3
154 Independence Ave.
6. Stock, Sanlam Zentrum
Windhuk
Tel. 0 61/22 92 17-9, Fax 22 29 81

Botschaft der Republik Namibia
Konstantinstr. 25 a
53179 Bonn
Tel. 02 28/35 90 91-95, Fax 35 90 51

Österreich und die Schweiz unterhalten keine Botschaften in Namibia. Zuständig sind deshalb die diplomatischen Vertretungen in Südafrika.

Österreichisches Generalkonsulat
Herzog Boulevard
Standard Bank Center, Zi. 1001
Kapstadt/Südafrika
Tel. 09 49 21/21 14 40

In Notfällen:
Honorarkonsul Erich Wannenmacher
Europahof-Hotel
Swakopmund
Tel. 0 64 40/50 61, Fax 23 91

Schweizer Konsulat
80 St. Georges Mall
NDS Waldorf
Kapstadt/Südafrika
Tel. 09 49 21/26 10 40, Fax 24 93 44

Feiertage

Neben den christlichen Feiertagen sind an folgenden Tagen Behörde und Geschäfte geschlossen:

1. Jan.	Neujahr
21. März	Nationalfeiertag (Unabhängigkeit 1990)
1. Mai	Tag der Arbeit
4. Mai	Cassinga-Gedenktag
25. Mai	Afrikatag
26. Aug.	Heldengedenktag
10. Dez.	Tag der Menschenrechte

Fernsehen

Es gibt nur einen Kanal der öffentlichen **Namibian Broadcasting Corporation (NBC)**; die zumeist in englischer Sprache ausgestrahlten Programme sind allerdings in einigen ländlichen Gegenden nur schwach zu empfangen. Nachrichten werktags um 6.30, 13–14 (CNN) und 20 Uhr. In guten Hotels empfängt man 24 Stunden lang auch Satelliten-TV (CNN und andere ausländische Kanäle). Bundesliga-Fußball kommt donnerstags um 22 Uhr.

FKK

Offiziell nicht erlaubt, aber geduldet, solange es kein Ärgernis erregt. Aber sollte man seinen ganzen Körper wirklich der unbarmherzigen Sonne Namibias aussetzen?

Fotografieren

Generell ist in diesem Paradies für Fotografen alles erlaubt – außer Polizeistationen, Gefängnisse und Militäranlagen abzulichten. Einheimische »Fotomodelle« im Zweifelsfall vorher um Erlaubnis fragen. Tips: gegen das grelle Licht einen Polarisationsfilter benutzen und immer den »Pustepinsel« gegen den allgegenwärtigen Staub dabeihaben.

Geld

Die erst 1993 eingeführte Landeswährung, den namibischen Dollar (N$), gibt es in Noten zu 10, 50 und 100 Dollar, in Münzen zu 10 und 50 Cents und 1 und 5 Dollarstücken. Im Mai 1996 kostete 1 Dollar 38 Pf; umgekehrt erhielt man für 1 DM 2,78 Dollar. Der N$ hat den gleichen Wert wie der südafrikanische Rand, der in Namibia bis auf Widerruf auch legales Zahlungsmittel ist. Devisen dürfen von Ausländern in unbegrenzter Höhe ein- und ausgeführt werden; die Landeswährung nur bis zu 500 N$. Den besten Kurs erhält man in Banken und Wechselstuben, teurer wird es in Reisebüros und Hotels. **Kreditkarten:** EC und Visa werden praktisch überall akzeptiert, American Express (AE) und Diners Club (DC) weniger häufig. **Reiseschecks** werden von Banken und größeren Hotels angenommen, **Fremdschecks** nur in Ausnahmefällen.

Impfungen

Nicht nötig. Aber nördlich der Etosha-Pfanne und im Nordosten ist die Malaria ganzjährig verbreitet, nicht nur während der Regenzeit (Dezember–Mai). Man sollte sich vorher bei einem Arzt oder Apotheker erkundigen, welche Tabletten den besten Schutz bieten. Nicht vergessen, daß die Prophylaxe noch einige Wochen nach Verlassen des Gebietes fortgesetzt werden muß!

Jagen

Namibia ist ein ideales Land für Jäger. Die Einfuhr von Jagdwaffen ist unproblematisch, solange die Waffen vorher angegeben werden. Gejagt wird durchweg auf privaten Farmen, die als Jagdveranstalter lizensiert wurden, teilweise auch auf staatlichem Land.

Kleidung

Wie in jedem Wüstenland kommt es zu starken Temperaturschwankungen: Während tagsüber der Schweiß in Bächen rinnt, muß man sich morgens und abends warm anziehen, besonders an der Küste. Regenschirme und Anoraks sind überflüssig, denn es kommt selten, und dann nur kurz, zu Niederschlägen und Gewittern, Hut und Sonnenbrille sind hingegen absolut unerläßlich! Bequeme, knöchelhohe Wanderschuhe mit dicker Sohle sollte man ebenfalls im Gepäck haben,

Wechselkurs-Umrechnungstabelle

N$	DM	sFr	ÖS
1	0,38	0,31	2,66
2	0,76	0,62	5,32
3	1,14	0,93	7,98
5	1,90	1,55	13,30
10	3,80	3,10	26,60
25	9,50	7,75	66,50
50	19,00	15,50	133,00
150	57,00	46,50	399,00
200	76,00	62,00	532,00
400	152,00	124,00	1064,00
600	228,00	186,00	1596,00

Stand: Mai 1996

denn Schlangen, Skorpione und Spinnen kommen häufig vor. Auf Sand und Staub werden Sie in Namibia fast immer und überall treffen: Frauen sind gut beraten, Kopftücher zu tragen. Baumwolle ist die beste Faser; enge Jeans sind wegen mangelnder Ventilation nur etwas für Modebewußte, die unbedingt leiden wollen.

Medizinische Versorgung

Namibia gehört nicht zu denjenigen Ländern, die man im Krankheitsfall schleunigst verlassen muß. Krankenhäuser, Kliniken und Apotheken findet man in allen Städten, Ärzte im Telefonbuch unter **Medical Practitioners**. Die Botschaften nennen Ihnen aber auch gern einen Vertrauensarzt. Auf den meist entlegenen Gästefarmen sollte man vorher anfragen, wie man im Notfall rasch zum nächsten Krankenhaus transportiert wird – ob beispielsweise eine Landebahn für kleine Flugzeuge vorhanden ist. Der Farmer muß eine Erste-Hilfe-Apotheke besitzen, zu der auch diverse Schlangensera gehören sollten.

Notruf

Der Notruf lautet landesweit **Tel. 1 01 11**. Hilfe erhält man auch unter **Tel. 10 23**. Erst angeben, wo man sich befindet, und dann nach der örtlichen Polizeirufnummer fragen. Englisch: **The local emergency police number, please**. Afrikaans: **Die plaaslike nootdienste van die polisie, asseblief**.

Politik

Seit der Unabhängigkeit am 21. März 1990 regiert die **South West African People's Organisation (Swapo)** von Präsident **Samuel Nujoma**, der mehr als 20 Jahre im Exil verbrachte. Die Partei erhielt im Dezember 1994 bei den zweiten freien Wahlen 72,7 % der Stimmen und errang 53 der 72 Sitze im Parlament. Die zweitstärkste Partei, die **Democratic Turnhalle Alliance (DTA)**, fiel auf 20,4 % zurück. Die Swapo kann damit auch die Verfassung ändern, ausgenommen den unabänderlich festgeschriebenen Grundrechtskatalog (Art. 5–25), der unter anderem Pressefreiheit, das Recht auf einen fairen Prozeß und die Wahrung des Eigentums garantiert. Präsident Nujoma hat jedoch versprochen, einschneidende Verfassungsänderungen vorher per Volksentscheid testen zu lassen. Die junge Republik, die in 13 Regionen unterteilt ist, hat sich als ein demokratischer und freiheitlicher Rechtsstaat bewährt. Justiz und Presse gelten als unabhängig. Die Versöhnungspolitik der Regierung Nujoma, mit der das jahrzehntelange Mißtrauen zwischen Schwarzen und Weißen abgebaut wurde, und die Stabilität des Landes haben weltweit Anerkennung gefunden.

Post

Luftpostbriefe nach Europa kosten 1,20 N$ für jeweils 10 Gramm und 85 Cents für Postkarten. Die Beförderung in Windhuk und Swakopmund ist gut, von anderen Landesteilen aus dauert es bis zu 14 Tagen.

Reisedokumente

Gültiger Paß, aber kein Visum nötig. Die normale Aufenthaltsgenehmigung beträgt 90 Tage. Es empfiehlt sich, alle Reisedokumente wenigstens einmal zu fotokopieren und die Kopien getrennt aufzubewahren.

Reisewetter

Generell ist der Himmel in Namibia blau, das Land trocken und staubig. Sonnenschutzmittel, besonders für die Lippen, und Cremes sollte man immer dabei haben. Im Sommer (Dez.–März) steigen die Temperaturen tagsüber auf über 40 °C, im Winter (Juni–Aug.) auf 25 °C. Aber nachts wird es, vom Hochsommer abgesehen, kühler; in einigen Gebieten fallen die Temperaturen im Winter bis unter den Gefrierpunkt. An der Küste (Swakopmund) sorgt der Benguelastrom ganzjährig für deutlich kühlere Temperaturen und Nebel. In Lüderitz bläst oft ein starker Wind (→ Kleidung).

Rundfunk

Einmalig in Afrika: Ganztägig sendet der Deutsche Hörfunk der NBC auf UKW (Frequenz in Windhuk: 95,8) Nachrichten, Musik und Unterhaltung. Wundern Sie sich also nicht, wenn Sie unterwegs die neuesten deutschen Schlager hören, samstags um 19.15 Uhr die Bundesliga-Ergebnisse und mittags um 13 Uhr eine Stunde lang Korrespondenten-Berichte aus aller Welt. Wer ein Kurzwellengerät dabei hat, kann ab 20 Uhr die Deutsche Welle aus Köln empfangen, u. a. auf 9735 kHz im 31-m-Band.

Die genauen Klimadaten von **Windhuk**

	Durchschnittstemperaturen in °C		Sonnenstunden	Regentage
	Tag	Nacht	pro Tag	
Januar	29,5	17,0	9,0	10,3
Februar	28,5	16,5	8,5	10,2
März	27,0	15,5	8,4	10,4
April	25,5	13,0	9,5	5,4
Mai	22,0	9,0	10,0	1,5
Juni	20,0	6,5	10,0	0,4
Juli	20,0	6,0	10,3	0,2
August	23,0	8,5	10,6	0,1
September	25,5	11,5	10,4	0,7
Oktober	29,0	14,5	10,1	2,7
November	29,0	15,5	9,9	4,6
Dezember	30,0	16,5	9,9	7,9

Quelle: Deutscher Wetterdienst, Offenbach

Sprachen

Englisch ist die offizielle Sprache, aber auch Deutsch und Südwesterdeutsch sowie das südafrikanische Afrikaans sind weit verbreitet. Man hat mehr als 25 afrikanische Sprachen und Dialekte gezählt; am häufigsten trifft man **Wambo, Herero** und **Nama** an. Der Windhuker Publizist Joe Pütz brachte 1982/1983 zwei Bände eines »Dickschenärie Südwesterdeutsch« heraus. Da die Bücher seit einigen Jahren vergriffen sind, drucken wir hier eine Auswahl ab, die dem hochdeutschen Besucher das Verständnis mit seinen namibischen Vettern erleichtern soll.

A
amper: beinah
asseblief: bitte

B
babbalas: besoffen, Kater
Bakkie: kleiner Wagen mit Ladefläche
bedonnert: erbost, verrückt
bickie: etwas, ein klein wenig
bierssach: beschäftigt
bleddie: verflucht
boggeroll: gar nichts

C
chattvoll: die Schnauze voll haben
Chochas: Käfer, Ungeziefer

D
Dommkrach: Wagenheber
Donga: Vertiefung
Dopp: alkoholisches Getränk
Dscherrie: Deutscher

E
Ecksjuhs?: Entschuldigung, wie bitte?

F
flach: blöd
futtseck: hau ab!

G
geklinkt: abgeschlossen, fertig

H
Hakahama: mach schnell!
Hakkie: Gebüsch
halbpad: halbwegs
huka: schon längst

J
jammer: tut mir leid

K
Kack: Mist; schlecht
kahlfutt: barfuß
klar: vorbei; fertig
Klippies: Steine; Rohdiamanten
koffern: fahren
kriegen: Allzweckwort – man kriegt warm oder kalt, schwer etc.

L
Lekkers: Süßigkeiten
lekker: schön, sehr gut
Lorrie: Lastwagen

M
mall: verrückt; böse
Marieba: Geld
miskien: vielleicht
moi: schön, gut
Morrotse: guten Morgen
moss: einfach
muhrren: verprügeln
muhts: zweifellos

N
nafi: null Bock
nett: nur
noit: nie
noudiedach: vor kurzem
Nüffels: Kinder

O
Omuramba: trockener Fluß
orreit: gut
oulik: nett
Oukie: Mann, Mensch

P
Pad: Straße (auf Pad gehen: losfahren)
Padkost: Reiseproviant
papp: schlapp; leer
Papwiehl: Reifenpanne
Plaas: Hof, Farm (*Plassbuhr:* Farmer)
Plan machen: etwas organisieren, tun
pletten: schießen
Pleck: Ort, Platz
Pondock: Hütte eines Schwarzen
Povian: Affe

R
rieläxen: sich entspannen
Robot: Straßenampel
roff: rauh, wild

S
Schäim!: Schade! Aber auch: Wie schön!
Schlappohren: Buren
schnahks: witzig; seltsam
Schneewambos: Deutsche
Schpiedkop: Geschwindigkeitspolizei
Schtinkschputt: hohe Geschwindigkeit
Schtorie: Geschichte, Erzählung
siestoch!: pfui Teufel!
sommer: einfach so
stahdich: langsam
stief: viel, häufig
sükkeln: sich abmühen, leiden

T
Täkkie: Sportschule
Trabbel: Ärger
tschahfen: verführen, anbandeln
Tschorrie: altes Auto
Twinkie: Zehe

W
warm: verärgert; sexy; sehr schnell
Wellblech: gewellte Straße (Schotter)
wüst: sehr; stocksauer
wachebiekie: Augenblick, nicht so schnell
Wörkschopp: Werkstatt
wunder: sich wundern

Z
zu: dumm, verbohrt; unbeholfen

Open-air-Schule am Okavongo River

Stromspannung

Wie bei uns: 220 Volt Wechselstrom bei 50 Hertz. Die Stecker sind allerdings dreipolig. Adapter kann man kaufen; in guten Hotels sind sie an der Rezeption erhältlich.

Telefon

In den Städten kein Problem: Es gibt gute Direktverbindungen in fast 200 Länder. Die 0 bei der Vorwahl der jeweiligen Stadt daheim entfällt. Auf dem Land wird oft noch immer mit der Hand verbunden: Man wählt nur die Vorwahl und teilt dem Operator die Nummer mit, die Kosten beginnen erst, wenn der Teilnehmer sich meldet. Gästefarmen teilen sich oft eine Linie, wobei jede Farm ein eigenes Klingelzeichen besitzt. Nachteil: Neugierige Nachbarn hören manchmal mit!

Vorwahlen
D, A CH → Nambia 00264
Namibia → D 0049
Namibia → A 0043
Namibia → CH 0041

Tiere

136 Säugetierarten und 617 Vogelarten sind verzeichnet worden. Zehn Arten, darunter Elefanten, Nashörner, Flußpferde, Zebras, Giraffen, Impalas und der Klippspringer, sind geschützt. Selbst die Namibwüste ist keineswegs leblos. In den Sanddünen findet man Käfer, Spinnen und Eidechsen.

Der knapp einstündige Film »Namib« von David Hughes (erhältlich als VHS-Videokassette) zeigt in einmaligen Aufnahmen, wie diese Wüstentiere überleben. Wissenschaftlich interressant sind die Giraffen, Spitzmaulnashörner und Wüstenelefanten, die sich an der Skelettküste und im Kaokoveld an die sehr trokkene Umgebung angepaßt haben. Sie legen enorme Strecken zurück, um an die wenigen Wasserlöcher zu gelangen. Es heißt, daß die Kaokoveld-Giraffe noch nie beim Trinken gesehen und fotografiert wurde. In den Feuchtgebieten des Caprivizipfels kommen drei Antilopenarten vor, die man in keinem anderen Teil Namibias sieht: die Moorantilope, der Riedbock und der Sitatunga.

Trinkgeld

Üblich sind 10 % der Speiserechnung, aber wer weniger gibt, wird deshalb nicht böse angestarrt. Auf Gästefarmen sollte man sich mit dem Besitzer absprechen, wie Trinkgelder an das Personal verteilt werden.

Wirtschaft

Obwohl Namibia mit etwa 2500 DM pro Jahr eines der höchsten Pro-Kopf-Einkommen Afrikas vorweisen kann, ist es beileibe kein reiches Land. Denn während 5 % der Bevölkerung, überwiegend Weiße, durchschnittlich 30 000 DM im Jahr verdienen, kommt die Mehrheit der schwarzen Bevölkerung gerade auf 300 DM im Jahr. Die Arbeitslosigkeit liegt bei 40 %. Die wichtigsten Wirtschaftszweige sind der Bergbau, die Landwirtschaft und die Fischerei; der Produktionssektor ist klein. Der Bergbau (Diamanten, Uran, etwas Gold) trägt am stärksten zum Bruttosozialprodukt (1996: knapp 4 Mrd. DM) bei, die Landwirtschaft (Rinder, Karakulschafe) bietet die meisten Arbeitsplätze. Neben 4000 kommerziellen Farmen, die fast nur von Weißen geführt werden, existieren 20 000 afrikanische Viehzuchtbetriebe und 120 000 schwarze Kleinbauern im fruchtbaren Norden des Landes. Der Tourismus wird zunehmend wichtiger. Vor der Küste wird Gas gewonnen.

Namibia kann eine leicht positive Handelsbilanz vorweisen, die Inflationsrate konnte Mitte der neunziger Jahre auf unter 10 % gedrückt werden.

Zeit

Am ersten Sonntag im September werden die Uhren um eine Stunde vor-, am ersten Sonntag im April wieder um eine Stunde zurückgestellt. Das heißt: Sept.–April, während der namibischen Sommerzeit, ist es in Windhuk 12 Uhr und in Frankfurt 11 Uhr; April–Sept., während der deutschen Sommerzeit, ist es genau umgekehrt.

Zeitungen

Die Zeitungslandschaft in der Hauptstadt Windhuk ist angesichts der geringen Bevölkerungszahl ein Phänomen: Täglich erscheinen vier Zeitungen; die »Allgemeine Zeitung« ist übrigens die einzige deutschsprachige Tageszeitung der südlichen Hemisphäre. An Wochenenden kommen noch drei Zeitungen dazu, darunter das in Swakopmund hergestellte deutsche Wochenblatt »Plus« und die Windhuker »Tempo«, die eine deutschsprachige Beilage hat. Das Skandal- und Klatschblatt par excellence ist der »Windhoek Observer« am Samstag.

Zoll

Zollfrei sind: 1 l Spirituosen, 2 l Wein, 300 ml Parfüm, 250 g Tabak, 50 Zigarren, 400 Zigaretten.

Die Joubertberge liegen im regenarmen Teil Namibias

Ab 25 000 v. Chr.
Buschmänner (San) hinterlassen zahlreiche Felsmalereien in Höhlen im Norden.

1486
Der portugiesische Seefahrer Diego Cão landet als erster Europäer an der Skelettküste.

um 1600
Aus Zentralafrika wandern die viehzüchtenden Herero und die ackerbaubetreibenden Wambo ein.

1878
Die offizielle Kolonialisierung Namibias beginnt: Großbritannien annektiert die Walfischbucht. 1880 bittet Bismarck die britische Regierung um Schutz für die ab 1806 ansässigen deutschen Missionare.

1883
Der Bremer Adolf Lüderitz kauft dem Namaführer Josef Frederiks Land bei Angra Pequena ab.

1884
Am 24. April teilt Bismarck in einem Telegramm mit, Lüderitz Erwerbungen stünden ab sofort »unter dem Schutz des Reiches«. Am 7. August wird die reichsdeutsche Flagge gehißt: Deutsch-Südwestafrika ist geboren.

1886
Deutschland und Portugal einigen sich auf die (bis heute gültigen) Grenzen der Kolonie.

1889
Am 24. Juni treffen die ersten 21 deutschen Schutztruppen in der Walfischbucht ein.

1890
Das Schutzgebiet im Nordosten um den Caprivizipfel wird erweitert.

1893
Erste Feindseligkeiten zwischen Deutschen und dem Namaführer Hendrik Witbooi, der heute als erster Freiheitskämpfer geehrt wird.

1904
Am 12. Januar bricht der Aufstand von Tausenden Hererokriegern gegen die deutsche Kolonialherrschaft aus. An die hundert Siedler werden getötet, ihre Farmen geplündert. Am Waterberg kommt es zu schweren Kämpfen. Von 80 000 Herero überleben nur 15 000 das Massaker.

1905
Am 23. Januar werden Mischehen mit Farbigen verboten.

1907
In der Kolonie leben 6215 deutsche Zivilisten und 4000 Soldaten.

1914
Mit dem Ausbruch des Ersten Weltkrieges bittet die englische Regierung die Union Südafrika, die deutsche Kolonie zu besetzen.

1915
Am 9. Juli kapitulieren 3500 deutsche Schutztruppler vor dem südafrikanischen General Louis Botha, der mit 43 000 Mann einmarschiert war. Die deutsche Kolonie hört nach 31 Jahren auf zu bestehen. Tausende Deutsche werden deportiert oder kehren freiwillig in ihre Heimat zurück. Aber knapp 7000 verbleiben.

1920
Der Völkerbund erklärt Südwestafrika am 20. Dezember zum Mandatsgebiet Südafrika.

1940
Im Zweiten Weltkrieg werden 1200 Deutsche interniert.

1958
Hermann Toivo ja Toivo gründet die Owamboland People's Organisation, den Vorläufer der Befreiungsbewegung Swapo, die von dem heutigen Staatspräsidenten Sam Nujoma angeführt wird.

1964
Während die Swapo Südafrikas Mandat als illegal bezeichnet, führt Pretoria in Südwestafrika die Apartheid ein.

1966
Am 26. August kommt es im Norden zum ersten Gefecht zwischen südafrikanischen Soldaten und Swapo-Freischärlern. Die UNO erkennt die Swapo als einzige legitime Volksvertretung an und beschließt am 27. Oktober, daß Südafrikas Besetzung als völkerrechtswidrig gilt.

1968
Am 26. Januar wird der Swapo-Mitbegründer Hermann Toivo ja Toivo zu 20 Jahren Haft verurteilt. Die UNO gibt Südwestafrika am 12. Juni den Namen Namibia.

1974
Sam Nujoma fordert Bonn auf, alle Beziehungen zu Namibia abzubrechen. 1977 wird das deutsche Konsulat geschlossen. Mittlerweile leben 40 000 Deutsche im Land.

1975
In Windhuks umgebauter Turnhalle findet am 1. September die erste Sitzung der Verfassunggebenden Versammlung statt, in der alle elf Ethnien vertreten sind. Sie beschließt freie Wahlen und die Vorbereitung zur Unabhängigkeit.

1978
Der Präsident der Demokratischen Turnhallen-Allianz wird ermordet. Am 4. Mai töten südafrikanische Kampfbomber Hunderte Swapo-Flüchtlinge nördlich der Grenze in dem angolanischen Dorf Cassinga. Südafrika führt interne Wahlen durch, die vom Ausland nicht anerkannt werden.

1981
Die Kämpfe der Swapo gegen die Besatzer eskalieren. Im benachbarten Angola befinden sich inzwischen auch 30 000 Soldaten aus Kuba; vor der angolanischen Küste tauchen zwei Atom-U-Boote der UdSSR auf.

1985
Südafrika setzt eine Übergangsregierung, bestehend aus fünf Parteien, ein. Die UNO erklärt auch dieses Manöver für »null und nichtig«.

1987/1988
Südafrika willigt in einen Rückzug aus Namibia ein.

1989
Am 1. April übernimmt die UNO die Verwaltung Namibias. Südafrikas Truppen werden kaserniert. 42 000 Exil-Namibier kehren zurück. Am 1. November finden freie Wahlen statt, die die Swapo als stärkste von zehn Parteien mit 57,3 % gewinnt.

1990
Am 21. März wird Namibia als 160. Mitgliedsstaat der UNO unabhängig. Präsident wird Sam Nujoma. Die neue Verfassung garantiert in den Menschenrechtsartikeln 5–25 u. a. Freiheit, Würde, faire Prozesse und Eigentum.

1994
Die Swapo gewinnt die zweiten Wahlen mit über 72,7 %. Die DTA sackt auf 20,4 % ab. Südafrika tritt den Hafen Walfischbucht an Namibia ab.

Orts- und Sachregister

Hier finden Sie die in diesem Band beschriebenen Orte und Ausflugsziele. Außerdem enthält das Register wichtige Stichworte, landessprachliche Bezeichnungen sowie alle Tips dieses Reiseführers. Wird ein Begriff mehrfach aufgeführt, verweist die **fett** gedruckte Zahl auf die Hauptnennung. Die **Buchstaben-Zahlen-Kombinationen** nach den Seitenangaben verweisen auf die Planquadrate der Karten.

MERIAN *live!* bringt Licht in den Norden.

Wo sonst in Europa läßt sich unberührte Natur so eindrucksvoll erleben wie im hohen Norden. Faszinierende Fjordlandschaften, dramatische Gletscherberge, klare Seen und einladende Strände. Dazwischen warmherzige Gastfreundschaft und junge, pulsierende Städte.
MERIAN *live!* bringt Ihnen all dies zum Greifen nah. Mit seinem erlebnisorientierten Konzept und gewohnt klaren Texten. 9 Reiseführer stehen jetzt zur Wahl: Bornholm, Island, Norwegen, Norwegen mit dem Postschiff, Dänemark, Schweden - Der Süden, Finnland, Kopenhagen, Stockholm.

ISBN 3-7742-0299-0 **Je 12,80 DM. 149 lieferbare Titel.**

ISBN 3-7742-0298-2

ISBN 3-7742-0343-1

ISBN 3-7742-0283-4

ISBN 3-7742-0297-4

Mehr draus machen
Mit Gräfe und Unzer

GU GRÄFE UND UNZER

An unsere Leserinnen und Leser:

Wir freuen uns, Ihre Meinung zu diesem Reiseführer zu erfahren. Bitte schreiben Sie uns, wenn Sie Berichtigungen und Ergänzungsvorschläge haben oder wenn Ihnen etwas besonders gut gefällt:

Gräfe und Unzer Verlag
Reiseredaktion
Stichwort: MERIAN live!
Postfach 40 07 09
Isabellastraße 32
80707 München

Lektorat: Hilde Knill
Bildredaktion: Christof Klocker
Kartenredaktion:
Reinhard Piontkowski

Gestaltung: Ludwig Kaiser
Umschlagfoto: T. Stankiewicz
Karten: Kartographie Huber
Produktion: Helmut Giersberg
Satz: Boris Khani
Druck und Bindung: Appl, Wemding
ISBN 3-7742-0385-7

Fotos

Alle Bilder E. Pansegrau außer:
C. Emmler/laif 8/9, 14, 19, 22, 52, 53, 76, 81, 93, 94, 105, 107, 108, 119
Ch. Heeb/look 75, 88, 90/91, 99, 101
R. Irek 25
G. Ulutoncok/laif 44, 47

Dieses Buch wurde auf chlorfrei gebleichtem Papier gedruckt

1. Auflage 1996